推荐序

看到这本书的时候，我长舒了一口气：答案终于有了。

自从2016年开始实施"全面二孩"的政策，家长们就开始焦虑地询问各种问题：

——要不要生二宝？

——生二宝是否应该和大宝商量？

——应该在大宝多大时生二宝？

——大宝不喜欢二宝，和二宝吵架、打架，害怕因为有了二宝父母不喜欢自己了，该怎么办？

……

英国社会科学院及医学科学院院士、英国伦敦国王学院发展心理学教授朱迪·邓恩也想知道怎么办。所以在过去的十几年，她研究了许多多子女家庭，也养育了自己的三个孩子，然后把她找到的方法写了下来，就是这本《迎接第二个孩子》。相信这本书会使中国已经有二宝和准备要二宝的家庭受益匪浅！

这本书分为三个部分，即最初的准备、同胞的冲突和孩子的个性发展。

篇幅最长、涉及面最多的是第一部分，从孕育二宝前的准备讲到二宝一岁。朱迪通过生动的事例告诉家长们，生育第二个孩子，除了需要做好物质准备和时间准备之外，还要做好心理准备，而且心理准备更为重要。虽然有了养育大宝的经验，但二宝的性别和性格与大宝可能大相径庭，所以等待您的可能是一次完全不同的养育之旅。对于家长最担心的如何让大宝接纳二宝，不要因为二宝的到来而感觉失落，本书给出了基于专业研究的简单、有效的方法。

第二部分讲的是，随着二宝逐渐长大，大宝和二宝的冲突和竞争开始了。很多家长不知道如何避免这种"手足相残"，想将这些冲突和竞争"扼杀在摇篮里"。朱迪告诉我们，兄弟姐妹间的冲突和竞争是不可避免的，是孩子们成长发展的重要组成部分。家长应该接纳这种冲突和竞争，引导孩子们学会解决冲突、合理竞争，促进其社会性的发展。

朱迪不仅关注兄弟姐妹间的冲突和竞争，更关注他们之间的相互喜欢和陪伴。她认为及时表扬、合作玩耍能够促进孩子们的友好相处和优良发展，这是值得家长们学习的重点。

第三部分主要讲孩子的个性发展。俗话说"一母生九子，连母十个样"，孩子们的个性千差万别，家长不必用某种固定的模式要求每个孩子，否则家长和孩子都会陷入痛苦的深渊。对孩子间的差异应表现出尊重和欣赏，表现出对他们每个人独特的爱，这是促进孩子发展最好的方式。

本书非常想告诉家长们：关注每个孩子的独特性。朱迪强

FROM ONE CHILD TO TWO

迎接第二个孩子

〔英〕朱迪·邓恩 著

顾子贝 姜上 张洪霏 译

北京科学技术出版社

著作权合同登记号 图字：01-2017-7000

图书在版编目（CIP）数据

迎接第二个孩子 /（英）朱迪·邓恩著；顾子贝，姜上，张洪霏译. — 北京：北京科学技术出版社，2019.7（2019.11重印）
　书名原文：From one child to two
　ISBN 978-7-5714-0039-2

Ⅰ. ①迎⋯ Ⅱ. ①朱⋯ ②顾⋯ ③姜⋯ ④张⋯ Ⅲ. ①家庭教育—教育心理学 Ⅳ. ①G780

中国版本图书馆CIP数据核字（2019）第005422号

迎接第二个孩子

作　　者：〔英〕朱迪·邓恩
译　　者：顾子贝　姜　上　张洪霏
策划编辑：刘　宁
责任编辑：刘　宁
装帧设计：艺琳设计工作室　汪要军　周　源
责任印制：吕　越
出 版 人：曾庆宇
出版发行：北京科学技术出版社
社　　址：北京西直门南大街16号
邮政编码：100035
电话传真：0086-10-66135495（总编室）
　　　　　0086-10-66113227（发行部）
　　　　　0086-10-66161952（发行部传真）
网　　址：www.bkydw.cn
电子信箱：bjkj@bjkjpress.com
经　　销：新华书店
印　　制：河北鑫兆源印刷有限公司
开　　本：880mm×1230mm　1/32
印　　张：8.25
字　　数：180千字
版　　次：2019年7月第1版
印　　次：2019年11月第2次印刷
ISBN 978-7-5714-0039-2 / G·2861

定　　价：49.80元

调出生顺序和年龄差距都不是孩子的个性特征与适应性的主要影响因素，孩子不同的气质类型和社会交往情况才是更重要的影响因素。对文章开头提出的那些问题，我们并不能给出标准答案，而是需要家长用心和伴侣、孩子们沟通，尊重、欣赏他们才是最佳答案。同时，朱迪也强调家长们也需要照顾好自己，保持身体健康和心情愉快，不要总觉得孩子哭、有冲突都是家长的错——很多时候是孩子成长过程中的正常现象。

我的研究领域是家庭与儿童发展，既做发展心理学方向的科研工作，又做家庭治疗，深知理论和实务之间、研究与临床之间存在鸿沟。而这样一本书，就是将科学研究结果与现实生活实践相连接的桥梁。它不像一本冷冰冰的说明书或使用手册，而像是一位发展心理学家和一群二宝妈妈们的温暖对话。如果你也是一位发展心理学研究者，祝愿你和我一样，通过阅读这本书，得到更多研究主题和方法方面的启示，做出本土化的"迎接第二个孩子"的研究；如果你是一位家长或准家长，祝愿你借助这本书，看二宝妈妈们的故事，借鉴心理学家的知识和经验，在生活中真正学会与伴侣和孩子们共同前行。

蔺秀云于北京师范大学

2018年10月29日

前　言

　　——6岁的莎莉谈起3岁的妹妹安妮时说："她很好……有时很好。有个妹妹很棒，因为你可以和她一起玩儿……我有很多朋友，但我最好的朋友是安妮。"

　　——蕾切尔打电话给奶奶，说自己要写自传。在自传开头，她罗列了自己喜欢什么和不喜欢什么。"不喜欢"的清单很简单：暴力、茄子和我的弟弟。

　　兄弟姐妹之间有爱有恨，他们一起游戏，也会争吵打架；相互戏弄，也相互模仿。有的感情甚笃、形影不离，有的则不能相互容忍；有的充满嫉妒和竞争，有的则相互关爱；还有的既有喜欢，也有愤怒和竞争。无论怎样，兄弟姐妹的关系将是他们人生中持续时间最长的一段人际关系，甚至比婚姻关系、与父母的关系、与朋友的关系以及与自己孩子的关系持续的时间都长。所以，父母们都希望兄弟姐妹的关系能有一个好的开始。

　　在第二个孩子出生之前，很多人不知道第一个孩子会怎样应对家庭的变化，以及应该怎样安抚第一个孩子。父母们会对新的家庭结构充满疑惑：两个孩子之间的年龄差距重要吗？性别会

1

影响孩子们对待彼此的方式吗？怎么做才能让处于学步期、学龄前期或学龄期的孩子做好迎接弟弟妹妹的准备呢？应该怎样为正在学步期的孩子介绍刚出生的弟弟妹妹？到医院探望妈妈和刚出生的弟弟妹妹，能够帮助第一个孩子接受弟弟妹妹还是只会给他增加心理压力呢？如果第一个孩子表现出心烦或苦恼，如不睡觉或不做父母要求做的事情，这些问题是否会一直持续下去？

随着第二个孩子逐渐长大，新的问题又来了：应该怎样处理孩子们之间的嫉妒和争吵？如何避免孩子出现攻击行为？父母通常对处理孩子们之间的激烈竞争感到很无助，他们甚至会困惑为什么有的兄弟姐妹可以友好相处，而他们的孩子却总是吵个不停。有些观点认为孩子间的争吵或彼此的不喜欢是父母的养育方式造成的，真是这样吗？

在美国和欧洲，80%的孩子是和兄弟姐妹一起长大的，所以这些问题对美国人和欧洲人来说非常普遍。在这本书中，我试图以亲身经历和切实可行的方法回答这些问题，以及其他类似的问题。因为我自己曾经同时抚养三个不满两岁的孩子：当我的女儿只有18个月大的时候，我的双胞胎儿子出生了，对孩子们小时候给家庭带来的吵闹和忙乱我深有体会。我的回答也会包含一些自己和其他心理学家的研究成果，以及正在面对这些问题的父母们的心声和孩子们的心声。

作为对儿童的社交关系充满兴趣的心理学家，在过去的15年，我一直研究婴幼儿期兄弟姐妹的行为，包括他们一起玩耍打闹、互相安慰、互相欺负的行为。我会和他们的妈妈交谈，也会和他们谈论兄弟姐妹之间的关系。我用十几年的时间追踪研究了一组兄弟姐妹。我刚见到他们的时候，他们还很小。这些年我一直关注他们之间关系的变化，直到他们进入青春期。在另外一项研究中，我聚焦于第一个孩子如何处理因弟弟妹妹的出生带来的生活剧变，然后在接下来的两年中多次回访这些孩子。

我所有的研究都是在这些孩子的家庭中完成的，所以见证了他们之间毫无掩饰的矛盾，也见证了他们一起玩耍、一起做游戏的喜悦。观察他们的行为、聆听他们的语言，使我获得了一个关于孩子如何看世界、如何理解世界的崭新的、有启发意义的视角。孩子间的争吵向我们展示了孩子是如何思考和感受的，他们的理解能力是如何发展的。研究发现，孩子在生命早期对他人的理解力是远远超过心理学家的预想的，他们的成长在某些方面是与之前广为人知的观点大不相同的。在后面的章节中，我会利用研究中所了解到的情况，说明如何支持第一个孩子适应生命中的这一重要变化，以及如何帮助孩子们形成和发展友好、愉快的兄弟姐妹关系。

关于第一个孩子对弟弟妹妹出生会做出什么反应，以及为什么兄弟姐妹相处得好或不好的理论假设有很多，其中很多受到了相关研究的挑战。例如，我们发现不同的孩子对弟弟妹妹出生的反应是有差异的；随着年龄的增长，孩子对年长或年幼的兄弟姐妹的反应也会有变化。作为父母你要知道，任何建议都不可能对你的所有的孩子完全适用。原因很简单，不同的孩子在个性、反应、人际关系方面并不相同。例如，适合脾气随和、顺从的学龄前男孩的建议，往往不适用于性格喜怒无常的学步期女孩。你必须考虑每条建议与你的每一个孩子的匹配度。书中的每一个主题，都会讨论不同个性的孩子可能会如何反应。

在大多数家庭中，当第一个孩子处于学步期或学龄前期的时候，第二个孩子就到来了，所以我会特别关注18个月至4岁的孩子如何面对这种生活的变化，我会重点讨论年龄差距在4岁以内的兄弟姐妹的关系，揭示他们玩耍、打架、彼此喜欢或讨厌、争夺父母的爱和关注以及愉快相处的方式。由于越来越多的家庭在推迟生育第二个孩子的时间，所以我也会讨论孩子们的年龄差距在5～6岁的情况。

兄弟姐妹之间的明显差异也是父母和心理学家关注的问题。实际上，兄弟姐妹的人格大多很不相同，就像出生在不同家庭的两个毫不相干的人。为什么会这样呢？毕竟，兄弟姐妹不仅在同一个家庭中成长，还有50%相同的基因。他们之间的不同，是父母对待他们的方式不同造成的，还是彼此影响的结果？

书中使用了很多直接的引用和观察（努力让孩子和父母说话），这些引用不仅仅是生动的故事（孩子们谈论自己的生活和家庭通常比严谨的学院派的讲述更生动有力），更是为了启发人们多做系统的研究。

在"暴风雨"来临之前，你应该如何帮助孩子应对家庭生活的变化？怎样做才能满足两个孩子的需求？在挑起抚养两个孩子的重担时，如何确保自身的需求得到满足？更别提还要考虑配偶的感受。让我们一起来看看从照顾一个孩子到照顾两个孩子所带来的变化吧。

目　录

第一部分　最初的两年

第二部分　冲突和竞争

第一部分

最初的两年

"在我有了第二个孩子之后，一切都变得不同了。我时常会感到有两股力量同时向相反的方向拉扯我，因为我既要当好6岁的汤姆的妈妈，又要当好1岁的凯莉的妈妈，而他们是两个非常不同的孩子，会有许多不同的需求，我很难同时满足他们。"

——安，6岁的汤姆和1岁的凯莉的妈妈

"相比以前，我现在虽然会感到很疲惫，但收获了更多的满足与快乐。这是一个很大的改变。两个孩子关系很好，就像处于蜜月期一样。乔伊一回家就去看弟弟乔什，他们会一起笑，这真的很美好。拥有这两个宝贝真的太幸福了！"

——凯，5岁的乔伊和18个月的乔什的妈妈

尽管安和凯对于成为两个孩子的母亲有截然相反的反应和态度，但她们都强调了第二个孩子出生之后给生活带来的变化。改变，可能是你现在唯一可以确定的事情：有了第二个孩子之后，你的感受会改变，需求也会改变。与改变伴随而至的则是一系列的担忧：第二个孩子的到来对第一个孩子来说是很糟糕的事吗？你能够同时爱两个孩子吗？养育两个孩子会增加婚姻的压力吗？抚养两个孩子要花费多少时间和精力？职场妈妈不免还会担心怎样做才可以既能满足工作需求，又可以照顾好两个孩子。本章将讲述即将迎来第二个孩子的准爸爸、准妈妈们的恐惧和疑问，并就第二个孩子刚到来的两年父母该怎样做提出建议。

第一章

照顾两个孩子意味着什么？

让两个孩子都获得爱和安全感

成为两个孩子的父母不仅意味着你又要回到一遍遍地换尿布、经历一个个无法整夜安眠的夜晚，以及照顾新生儿的日子，还意味着你要让两个完全不同的孩子都能获得爱、安全感、关注以及快乐。你还要及时找到孩子们乱放的玩具、安慰他们不同的情绪，以及监督他们的言行。

许多父母因为两个孩子的个性不同而不知所措，就像乔伊说的：

"怀孕时我希望第二个孩子能像第一个孩子一样，可以很好地融入我们这个家庭。但等她出生后我很惊讶，她与第一个孩子是如此不同！她似乎永远也安静不下来，又爱哭又爱闹。"

当你发现第二个孩子和你想象得不一样，尤其是当你的第一个孩子是一个安静乖巧、可以整晚安睡的宝宝，而第二个孩子却是一个吵闹的爱哭鬼时，你会十分惊讶，甚至十分烦恼。然而，即使照顾第二个孩子的经历令你很痛苦，也不妨碍你付出爱和关心。

凯丝有一个5岁的儿子，还有一个小女儿。与对待活泼外向的女儿相比，她发现自己在对待安静甚至有些被忽略的儿子时，会表现出不一样的爱。

"我更担心儿子丹，"她坦白地说，"我们在一起时并不太愉快。"

一些父母会担心，他们与第一个孩子特殊的、亲密的关系会因为第二个孩子的到来而受影响。第二个孩子的到来肯定会使父母与第一个孩子的关系发生一些变化，但这并不意味着父母会减少对第一个孩子的爱。事实上，许多父母在第二个孩子出生后，会对第一个孩子寻求关爱和认可的需求更敏感，这其实反而加深了父母与第一个孩子的感情。

一些父母担心自己能否同时爱两个孩子。你可能会想，你如此爱第一个孩子，又怎么可能同时爱另一个孩子呢？第二个孩子出生后你就会发现这并不是问题，你对每个孩子的情感体验是不同的。孩子之间是如此不同，他们总会有不同的需求，你对两个孩子的感受可能完全一样吗？

答案是不可能。你对每一个孩子的爱都是平等、完整而强烈的，但你和他们的关系会有所不同。大多数父母都会有这样的经历：在某段时期，他们会对某个孩子表现出更多的关注与关心，因为这个孩子出现了特殊问题，或处于某个重要的发展阶段；他们还会发现，不同的孩子对父母爱的表达方式是不同的。

雷有一个5岁的孩子和一个3岁的孩子，他说：

"一个孩子总是依偎在我的膝上；另一个孩子则喜欢以其他方式和我亲近，比如一起做事、一起聊天，但不是身体上的依偎。"

双胞胎的父母总是格外担心这个问题，我想告诉这些父母一些我的经验。通常，双胞胎中的一个会从家庭成员那里得到更多的关注和回应，但这种失衡的情况会随着时间的推移逐渐改变。有多个孩子的父母必须面对一个现实，即如果在某个时间点给予一个孩子需要的所有的爱与关注，就意味着要暂时忽视另一个孩子。但是，孩子们最终总会得到平等的爱与关注，尽管这些爱与关注的表达方式可能会有所不同。当然，如果你注意到这种不平衡状态持续存在，那么你或许需要在今后的日子里对得到较少关爱的孩子给予更多的关爱。

记住，对孩子们来讲，真正重要的是家庭的和睦以及感受到自己是被关爱的。

第一个孩子会感觉被取代吗？

大多数父母最担心的问题是，随着第二个孩子的到来，第一个孩子会因为这个巨大的改变而感到难过。无论3岁的孩子说他多么希望有弟弟妹妹，但有了弟弟妹妹后，他都不可避免地会感到自己在某些方面被取代、被忽视了，但这并不意味着第一个孩子的生活被毁了。对孩子们来说，与兄弟姐妹一起长大带来的欢乐与烦恼是有同等意义的。绝大多数孩子，无论是第一个孩子还是第二个孩子，无论他们是否一直希望自己是家里最小的孩子，最终都会因为拥有兄弟姐妹而感到幸福和快乐，并且会十分看重这份感情；而大多数独生子女都希望自己可以拥有兄弟姐妹，至少在人生的某个阶段可以拥有兄弟姐妹。尽管现在孩子们常常会爆发争吵，但他们长大后回想起来，仍然会怀念兄弟姐妹间相互争吵、陪伴与玩耍的日子，以及共同经历、彼此见证成长所带来的快乐与幸福。尽管有时父母会感到苦恼，但兄弟姐妹之间有摩擦是再正常不过的了。

父母与子女的亲情和兄弟姐妹间的亲情是十分不同的，兄弟姐妹有时会以一种连父母都无法完全理解的方式相处。尽管他们各有不同，但总是能够彼此分享喜悦，喜欢一起玩耍嬉闹，可以从彼此身上学到很多东西。并且，他们可以在彼此面临压力或感到悲伤、失望时给予支持，许多孩子在年龄很小的时候就会这么做了。

因此，不要再因为计划生育第二个孩子而对第一个孩子感到愧疚与抱歉，也不要担心第二个孩子得到的关注与爱比第一个孩子少。你所经历的都是再正常不过的事，没有必要因此而感到愧疚。

父母将经历的变化

拥有第二个孩子会带给父母一种新的感受。有了养育第一个孩子的经验，这一次父母很少再担心孩子是否发育正常，即使遇到问题也很少担心是由自己的失误造成的。对于许多父母而言，无论两个孩子在性格上的差异有多大，照顾刚出生的二胎宝宝只不过是重复之前养育第一个孩子时做过的事情，这并不难。一位父亲说：

"第二次，你不会再对寻常的事感到大惊小怪，也不会再因为无知而对孩子的正常行为感到焦虑。你会知道他们在什么时候感觉疲惫，你还会知道问题终会解决。尽管不再有那么多时间陪伴每个孩子，但这在某种意义上也是一件好事——面对孩子时更轻松了，而不是整天围着他们团团转。"

如果第二个孩子性格开朗，他们与父母的关系往往比第一个孩子与父母的关系更融洽。但是，不要指望第二个孩子会更容易照料。唯一能肯定的是，两个孩子一定会有差异。

琼的大女儿凯伦是一个安静的、容易安抚的孩子，所以当她发现第二个孩子艾丽总是没日没夜地折腾时，她觉得照顾第二个孩子很难：

"只有凯伦的时候，我曾认为，有些父母抱怨自己的孩子喜欢哭闹、让他们整夜不能好好睡觉，是因为他们未能处理好自己与孩子的关系，现在我终于理解他们了。"

第二个孩子挫败了琼在育儿方面的信心和斗志，其实即使第二个孩子在睡眠和饮食方面乖巧得像一个天使，随着年龄的增长，他不断增加的需求也会给父母带来新的烦恼，你会发现自己与之前想树立的沉稳冷静又讲道理的父母形象渐行渐远。特别是第一个孩子处于学龄前期或学步期，而第二个孩子还是个小婴儿的父母，通常会发现自己不为人知的另一面。

小女儿艾丽出生后，琼对大女儿凯伦的态度变得与之前大不相同，琼对此感到非常烦恼：

"以前我认为自己是一位好母亲，但现在我不再那么认为了。我总是感觉疲倦，容易发脾气，很难再对凯伦那么好了。"

劳伦的大女儿雪莉3岁了，小女儿史黛西只有6个月，她有着与琼相似的经历：

"我觉得自己很失败，因为现在我已经无法控制雪莉了。我不知道怎样做才能让她表现得好一些，这让我的自信心很受打击。我曾经觉得在睡前给她讲故事能让我们亲密无间，但现在这竟成了一场噩梦。雪莉总是说'你没讲全''再讲一个吧''你读错了'，这让我很不耐烦，很难心平气和地对待她，因为我同时还要想着如何满足史黛西的需求。"

即使一位母亲从未打过或大声斥责过自己的孩子，但如果看到孩子打弟弟妹妹，她也会很生气，甚至可能会挥动拳头；当你正在为第一个孩子不好好吃饭而着急的时候，如果第二个孩子哭闹着想要食物，你可能就会给他一块巧克力安抚他，即使你反对在吃饭前吃巧克力；你本来不愿意让孩子看电视或视频，但如果你希望在照顾第二个孩子的时候能够无人打扰，可能就会网开一面，让第一个孩子看一会儿电视或电脑。你制订的各种规矩很可能在第二个孩子出生后的几个月里发生改变。

如果你已经习惯冷静地处理积压已久的愤怒情绪，习惯给"小麻烦"换尿布，习惯一边给一个孩子做饭、喂饭一边画有趣的画哄另一个孩子，习惯耐心地解释无数次有关塑料鸭子为什么无法在滚烫的炖汤里游泳的问题，那么你就已经对如何为人父母驾轻就熟了。但是，倘若你的第一个孩子将他的玩具堆在了弟弟妹妹的脸上，或者把他的毛毯塞进了弟弟妹妹的嘴里，此时你又怎么可能保持耐心和好脾气呢？更糟糕的是，第一个孩子可能会感受到你对他的愧疚，并利用你的这种愧疚心理。

一个4岁的孩子见到妈妈把刚出生的弟弟抱回家时质问妈妈：

"你为什么要毁了我的生活？"

这个问题有答案吗？

你要记住，没有哪个父母是完美的。值得高兴的是，孩子对父母的情绪波动、缺乏耐心以及偶尔的坏脾气会适应得很好，他们自我治愈的能力很强。对他们来说，最重要的是每一天都能感受到爱和安全感。

我们不妨设想一下，当干净、整齐的家变得一片狼藉、要做的家务堆积如山时，你会有什么感受?

"直到你有了两个孩子，才会发现家里的地毯干净整洁是多么难得!"一位母亲苦笑道。

你会把很多自己的事推后，你对只有一个孩子的朋友的看法也会产生很大的改变。等他们也有了第二个孩子以后，你们就会有很多共同语言了。

照顾两个孩子并不等于完成双倍的工作

第二个孩子出生以后，家务量会大增。照顾两个甚至多个孩子是十分辛苦的体力活，尤其是在第二个孩子出生后的头几个月，或者是第二个孩子出生时第一个孩子仅有3岁甚至不到3岁时。父母将会面临给孩子喂饭、换尿布，洗衣服、买菜，以及以后要接送两个孩子上学、放学、防止两个孩子相互打闹等问题。如果家里只有一个孩子，这些工作通常是可以应付的，但如果家里有两个孩子，父母休息的时间就会大大减少。

但是请放心，等到头几个月过去了，就算两个孩子整天吵闹、自己的私人时间越来越少、所需要处理的问题越来越多，大多数父母都会逐渐适应养育两个孩子的生活，在照顾第二个孩子时会更加得心应手，效率会更高，仿佛已经找到了做家务和育儿的捷径，照顾两个孩子所花费的时间并未因此翻倍。

当然，对于孩子间年龄差距很大的父母来说，他们会觉得至少在第二个孩子出生后的最初几个月，照顾两个孩子就像照顾20个孩子一样令人头痛，因为他们已经忘记是如何照顾第一个孩子的了，而且他们的年龄也比较大了。但最终大多数父母都会让一切步入正轨，并惊讶于自己竟能把这个大家庭照顾得井井有条。

你的婚姻：新的压力与新的力量

伴随着第二个孩子出生带来的变化，很多人发现夫妻关系也会因此发生改变。

在第二个孩子出生后的最初几周，夫妻双方往往会因为照顾孩子而筋疲力尽、满腹怨气，特别容易因为不公平的任务分配而指责对方。妈妈们常常感到手忙脚乱、分身乏术、压力倍增，而此时若爸爸们未能及时帮忙，就容易使婚姻关系变得紧张。在具体的育儿问题上也会与配偶产生分歧，例如，如何最有效地照顾和管理第一个孩子（看到他伤心难过或嫉妒愤怒就满足他的一切需求，还是坚持以前的原则），或者如何安抚爱哭闹的新生宝宝（让他自己哭一会儿，还是看他伤心、难过就抱抱他）。爸爸们为了养家有时要承受更多的压力，因此工作时间会增加。当然，夫妻二人世界的时间也会变得更少，性生活可能会受到影响，甚至会暂时缺失。这些都会激化夫妻间的矛盾。很多夫妻认为，即使有了第二个孩子，夫妻二人还是要抽时间一起外出，吃饭、看电影，这是很重要的。

第二个孩子的出生对婚姻关系也有好的影响。首先，夫妻关系会因为在育儿过程中相互配合（或者说努力做到相互配合）而变得越来越紧密，尤其是双方都很想要第二个孩子时，这种情况就更可能发生；其次，第二个孩子的出生往往需要爸爸在育儿方面投入更多的时间和精力。因为有两个需要被爱和照顾的孩子，爸爸们就不太可能因为母亲与孩子的亲密关系而受到冷落。在仅有一个孩子的家庭，爸爸通常会觉得自己是一个局外人。他们没有机会真正地亲近孩子，夫妻间的关系也会变差，因为妈妈们把所有的心思都放在了孩子身上，因而很难觉察到孩子的爸爸被冷落了。而在有两个孩子的家庭，情况则有所不同：爸爸通常与第一个孩子的关系很好，反而是妈妈觉得自己受冷落了。

无论如何，第二个孩子的出生常常意味着一个家庭会更幸福。贝丝和基思的妈妈唐娜说：

"有两个孩子比有一个孩子时的家庭关系更和谐。当我们只有贝丝一个孩子时，她真的只喜欢我，不喜欢和她的爸爸在一起。她的爸爸因此而感到很伤心、很失望。但第二个孩子基思的到来让很多事情发生了改变，让我们的家庭关系得到改善。我相信，这些改变无论是现在还是将来对我们所有人都是有益的。"

父亲和第一个孩子

当妈妈去医院分娩或者忙于照顾第二个孩子时，爸爸和第一个孩子的关系就会变得亲密起来。对他们来说，这是一个促进亲子关系的好时机。爸爸可能一开始对于接手照顾孩子洗澡、上床睡觉等日常活动感到有些不情愿，但很快就会担负起这些职责。一位有两个孩子的爸爸说：

"第二个孩子出生后，我发现自己在照顾第一个孩子洗澡、睡觉这些事情上花的时间和心思越来越多。我以前觉得照顾孩子让我很不舒服，也确实提不起兴趣，尤其是当他冲着我大喊他要找妈妈的时候，但现在我们俩在一起很愉快！"

爸爸参与照顾孩子会越来越爱孩子，日后与孩子的关系也会越来越好。与此同时，妈妈也就不会感到筋疲力尽了。举个例子来说，家中有双胞胎的爸爸需要投入更多的精力在照顾孩子的事情上，与家中只有一个孩子的爸爸相比，他们与孩子的关系更加亲密。

有一位父亲，他常常把4岁大的孩子背在背上，把1岁大的孩子放在腿上，他说：

"拥有了两个孩子后，我才感到自己是一个父亲！"

两个孩子的年龄差距：谣言和事实

如果你计划生育第二个孩子，一定考虑过两个孩子之间的年龄相差几岁是最理想的。隔一年会不会比隔两年好？或者隔三年以上更好？这个问题没有标准答案，它受很多个人因素的影响，比如你和伴侣的工作情况、经济情况、健康状况、年龄和个人偏好等。你可能想要在生第二个孩子前确保恢复体力，所以需要更长的时间间隔；你也可能想尽快度过给小婴儿换尿布的阶段，从而缩短再次生育的时间间隔。许多充满热情的新晋爸妈都想在生第二个孩子前有足够的时间照顾第一个孩子。关于这一点也有一些互相矛盾的说法：有人坚信年龄相近的两个孩子之间更容易彼此竞争，两岁的年龄间隔是不理想的；也有人认为年龄相近的两个孩子会成为更好的伙伴。那么，孩子们之间不同的年龄差距会造成什么不一样的影响呢？

如果你的两个孩子的智力发育和身体发育都很健康，那么他们的年龄差距并不是很重要。孩子的智力和身体发育受多种因素影响，包括遗传、学校教育等各方面。孩子的个性特征也是这样，即使你听说过"中间儿综合征[1]""神经质的小大人长子"等说法。事实上，出生顺序和年龄差距都不是孩子的个性特征与社会适应性的主要影响因素，不同的气质类型和社会交往情况才是更重要的影响因素。

孩子们在一起玩时难免会争吵，并不能以此预测他们以后会和睦相处还是会水火不容。年龄相近和年龄差距较大的兄弟姐妹都可能相处融洽，也都可能互相厌恶。对他们如何相处有较大影响的是他们的个性特征以及与父母的相处方式。有的孩子天生随和，有的则容易与人产生摩擦。父母需要考虑的是孩子是否感到父母对另一个孩子关爱更多，或认为自己受到了不公平的对待。

兄弟姐妹的年龄差距并非不会对家庭关系造成任何影响，只是它是诸多影响因素中的一个。年龄差距大还是小都有各自的优点和缺点，不存在对错之分。下面是一些你应该考虑的事。

◆ 年龄差距2岁以内

很多两个孩子年龄差距小的家长认为，尽快生第二个孩子可以快速度过照顾婴儿的阶段，让两个年龄相近的孩子相互陪伴，因为他们发展水平相似，会有共同的兴趣爱好，可以一起玩耍。一些三十多岁的妈妈认为，如果想生第二个孩子最好抓紧时间。

其实，家里有两个年龄非常接近的孩子，在孩子出生后的头

1　中间儿综合征：是指排行老二或者排在中间的孩子，由于没有老大或最小的孩子那么受关注，因此产生的一些心理问题。

两年是很艰难的。开始时，你要给两个孩子换尿布，同时抱两个孩子上楼，安排两个孩子睡觉；接下来，你要一边照顾静不下来的学步儿，一边照顾嗷嗷待哺的小婴儿。很多时候，大一点儿的孩子会给你捣乱，例如搅动婴儿洗澡水或玩脏尿布，于是你要擅长讲笑话和唱唱跳跳，转移他的注意力，让他不再对洗澡水和脏尿布感兴趣。同时照顾两个不满3岁的孩子是艰难的事，因为他们有很多需求。

任何年龄的孩子对于弟弟妹妹出生带来的生活的改变都可能产生嫉妒心理或痛苦的情绪，但是年幼的学步儿对这些情绪的表达与年龄稍大的学步儿是不同的。1~2岁的孩子会通过经常哭、黏人、难以集中注意力来表达这些情绪，而稍大一些的学步儿会通过放弃新养成的如厕技能、拒绝吃饭、夜间频繁醒来、午睡困难来表达这些情绪。学步儿不懂得如何处理这些情绪是很正常的。在第三章和第四章我会讲述孩子沮丧、嫉妒时父母如何帮助孩子处理这些情绪。

◆ 年龄差距2~4岁

这是最常见的两个孩子之间的年龄差距，很多家庭都是在第一个孩子3岁时生下第二个孩子。如果第二个孩子出生时第一个孩子2岁，那么会慢慢出现很多问题。2岁的孩子一方面仍然需要很多帮助，另一方面又处于第一叛逆期，他们渴望独立，可能还会表现得顽固任性、难以相处，这对同时还要喂养新生宝宝的你是一个挑战。

两个孩子间隔3～4年的优点，在第二个孩子出生后的最初几个月表现得尤为明显。3～4岁的孩子已经度过了睡眠最艰难的阶段，也能独立如厕、自己穿衣与进食，这对你而言是件好事。然而，这个年龄段的孩子特别喜欢跟妈妈唱反调。在幼儿园，他们可能开始对其他孩子表现得很野蛮。

3岁的孩子，尤其是已经上幼儿园了的孩子，会非常渴望有自己的朋友，这会让你有更多的时间照顾小宝宝。一个社会交往能力良好的孩子，对于家里多了一个小宝宝不会感到太难以接受。当他感到嫉妒或不开心的时候，你可以和他谈一谈。

如果第一个孩子接近4岁了，不要认为他不会再有嫉妒和痛苦的情绪了。前面提到过一个例子，当妈妈从医院里带回刚出生的小宝宝时，4岁的孩子质问妈妈："你为什么要毁了我的生活？"

当然，不是所有的孩子对小宝宝出生的反应都这么强烈。第一个孩子的反应更多地受个性、情绪、社会交往能力、与父母的关系等因素影响，而不是两个孩子年龄差距大小的影响。

◆ 年龄差距4岁以上

越来越多的家庭会等第一个孩子4岁以后再生第二个孩子，这也有明显的优点，即每个孩子在婴儿期都能获得足够的爱与关注。第一个孩子已经四五岁的家长会有更多的时间照顾刚出生的婴儿，因为第一个孩子已经拥有一些家庭之外的生活，也很少会产生嫉妒情绪，而且他会对小宝宝很感兴趣，很愿意亲近小宝宝。这样的家庭在第二个孩子出生后的第一年会更平静。当然，四五岁的孩子也有可能嫉妒小宝宝，但你至少可以和他谈一谈。

四五岁的孩子会在他对小宝宝感到沮丧、困惑或兴奋的时候告诉你，这对你们都有帮助。和1岁半的学步儿相比，他们更能理解家里发生的事情。你可以告诉他你为什么很累，为什么要去喂小宝宝，他也会知道你忙完后就可以陪他；你可以告诉他你有多爱他，也可以和他一起玩游戏、做计划。这个年龄段的孩子对自己的情绪会更有控制力。

乔恩是一位有两个孩子的爸爸，他发现5岁的大孩子找到了让自己冷静下来的方法，就是玩他最喜欢的玩具，或问大人可不可以看他最喜欢的电视节目。乔恩说，一年之前他们还需要帮助孩子处理负面情绪。

相差4岁以上的孩子可能无法像年龄相仿的孩子那样成为玩伴，因为他们的兴趣点不同。但他们之间会很友好，比起年龄相仿的孩子，他们会更频繁地在一起聊天。他们也会出现彼此疏远、竞争的情况，我将会在第八章和第九章讨论这种情况。

四五岁的孩子经常被安排照顾小宝宝，这有时会引起他们的不满。但另一方面，大一点儿的孩子会从照顾小宝宝的过程中获得愉悦感，而且他也会成为你得力的助手。你需要判断孩子是否愿意做这件事，不要在他不满的情况下让他帮忙照顾小宝宝。通常弟弟妹妹会认为哥哥姐姐是像英雄一样的存在，哥哥姐姐会因此而感到骄傲。

如果你还在考虑什么时候生第二个孩子，请不要过于担心。这个问题没有绝对正确的答案。我们也已经知道两个孩子的年龄差距并不是重要的影响因素，做适合你和你的家庭的决定，你做选择的依据是你的感受和家庭的需要。每种年龄差距的影响都有两面性。记住，无论你做什么决定，都有有益的一面。

本章总结

- 你对每个孩子的爱都是平等、完整而强烈的，只是在某个时期会对某个孩子表现出更多的关注和关心。
- 不要因为想生育第二个孩子而对第一个孩子感到愧疚与抱歉。
- 拥有第二个孩子会带给父母一种新的感觉，同时也会使夫妻关系发生改变。
- 请记住：没有哪个父母是完美的。
- 让父亲参与照顾孩子是一个好主意。
- 对兄弟姐妹如何相处有较大影响的是他们的个性特征和与父母的相处方式，而不是他们之间的年龄差距。

第二章

第二次怀孕

第二次怀孕的不同感受

当你再次怀孕，会想起初次怀孕的各种经历，包括出现的各种症状、感受以及所期待的各种变化。你已经是一位老手了！但是，这一次怀孕与第一次相比，还是有许多不同之处：

● 你会有不同的感受，周围的人对你这次怀孕的态度也会与之前不同，你还会感到分娩时的一些身体症状与上一次是不同的。

● 初次怀孕带来的各种兴奋、激动、新鲜感以及幸福感可能不会再有了。许多人说，初次怀孕时的感受对他们来说记忆深刻，而第二次怀孕时的感受他已经忘记了，或者提起当时的感受时只会说"开心"而非"特别开心"，而怀孕过程中所经历的担忧、焦虑以及恐惧则很少会被记起。

● 如果怀第一个孩子很顺利，妈妈们则不太担心第二胎的生长发育。当然，高龄妈妈往往会对再次怀孕感到更加焦虑。如果你要做羊膜腔穿刺术或遇到上次怀孕没有遇到过的任何医学上的问题，都会令你在第二次怀孕时忧心忡忡。

大多数人会在第二次为人父母时表现出较少的担心。"我能照顾好一个新生儿吗？""我该怎样照顾他？我将会成为怎样的爸爸妈妈？"这些问题是第一个孩子出生前父母最容易担心的，怀第二个孩子时这些问题已经有了答案，恐惧与担忧会较之前少很多：头胎顺产的妈妈会对第二次分娩很有信心；而头胎难产的妈妈则容易忘记当时的巨大痛苦，到分娩时才会开始担心。

两次怀孕最大的不同在于，你已经有了一个孩子，他需要你的爱、照顾与关注。有时他会分散你的注意力，让你不再关注怀孕带来的各种不适，有时他的过分要求会压得你喘不过气来。如果你的第一个孩子处于学步期或学龄前期，当你孕吐难受、筋疲力尽时，还要满足他的各种需求，如帮他找到玩具卡车、给他喝水、给他换尿布，这会使你的疲惫感加剧，并感到比第一次怀孕还累。尽管你已经非常需要休息了，但很多时候无法休息。即使第一个孩子已经四五岁了，也会很难对付。他们有时会对第二次怀孕的你表现出更多的依赖，并期望得到你更多的关注。

许多第一次怀孕的妈妈仍旧坚持全职工作，相比之下，怀第二个孩子的妈妈中就会有人放弃全职工作。因为同时照顾两个孩子，很难兼顾工作和家庭，她们太累了。

第二次怀孕时，家人和朋友通常都认为你完全能应付，所以给予的帮助和照顾也相对少一些。即使是产科医生，在对待初产妇和经产妇时，态度也有很大不同：对经产妇，医生更关注其身体状况而较少关注其情绪。很多人包括医生似乎都会认为，经产妇比初产妇更善于处理孕期的焦虑与恐惧情绪。所以，如果你确实有一些焦虑与担忧，最好主动寻求帮助。如果你不说，可能没有人会注意你的情绪变化。你可以和其他准妈妈多交流，因为你们有共同语言，可以彼此给予支持与帮助。

身体的不同变化

不要因为这次怀孕而导致的一些身体上的变化与第一次不同而感到惊讶。

◆ 有些症状可能会比第一次怀孕时更早表现出来

第二次怀孕时腹部肌肉的拉伸会比第一次怀孕时更加明显，并且发生拉伸的时间可能早于第一次怀孕。因此，怀第二个孩子你会更加明显地感觉到腹部的下坠感。

你会比第一次怀孕时更早感受到胎动，在怀孕第四个月时就可以感受到胎动，而不必等到第五个月。至于为什么会这样，医学上有一种理论给出了大致的解释：该理论认为女性在第二次怀孕时，子宫壁被拉伸而变得更薄，因此更容易感受到子宫里胎儿的情况。

此外，你的乳房可能不会像第一次怀孕时那么丰满，也不会容易胀痛。

◆ 怀孕期间常见的各种不适，有以下这些变化

如果你在初次怀孕时有手脚肿胀的情况，那么当你再次怀孕时可能还会出现，但没有第一次严重，除非你的体重增加得太多（孕期体重管理很重要，而一些再次怀孕的准妈妈通常不会像初次怀孕时那样控制饮食，也不会每天观察体重的增加情况）。

同样地，如果你的体重没有过度增加，应该不会长出更多的妊娠纹，但腿部的静脉曲张和痔疮却更容易发生。腿部患有静脉曲张的准妈妈，应该注意通过在抬高双腿（与心脏齐平或高于心脏）的方式加强腿部的血液循环。静脉曲张通常会在宝宝出生后缓解，至于令人痛苦的痔疮问题，最好咨询医生。

再次怀孕的准妈妈背痛可能会更加严重，这与腰背部关节变得松弛、支撑能力差有关。受背痛问题困扰的准妈妈，不妨尝试做一下按摩，或穿一件合身的紧身衣，缓解背痛。

一些医生认为，这些身体上的不适会更容易随着分娩的临近而产生，也正因为如此，医生建议两次分娩至少应间隔18个月。

大约有一半的准妈妈会在怀孕初期经历孕吐，再次怀孕的准妈妈更常见。你可以每天饿的时候吃一些饼干等小零食，最好在早晨空腹时就吃一些。有的准妈妈在再次怀孕的初期就会出现胃食管反流，如果初次怀孕时就有这种情况，再次怀孕时情况会更

糟。这时你应该向医生寻求帮助。

孕中期可能出现更严重、更复杂的问题，如妊娠期高血压疾病。先兆子痫很少会在第二次以及之后的怀孕中出现，但高血压对高龄产妇来说会是一个更严重的问题，因为她们的血管会失去弹性。

两次怀孕间隔时间短的女性更容易贫血，因为身体没有充足的时间贮存足够的铁元素用于孕育胎儿。需要补充铁剂的准妈妈要注意，一定要把药放到第一个孩子看不到的地方，以防止孩子误食。

好消息是再次怀孕的女性较初次怀孕的女性，流产发生率会下降。

好消息：第二次分娩会更顺利

与第一次怀孕相比，第二次怀孕胎儿会更准时地在预产期或其前后出生。如果第一次怀孕胎儿是过了预产期通过引产出生的，第二次怀孕可能不再需要引产了。实际上，出现假宫缩对准妈妈来说是很常见的事情，即使她们已经经历过一次分娩。有过第一次的痛苦经历，再次怀孕时可能会对无痛分娩感兴趣。

一般来说，第二次分娩会比第一次顺利。第二次分娩平均所需时间比第一次分娩要少一半。虽然宫缩可能很强烈，但这一次分娩会比第一次更快。知道了这些你就会觉得分娩的痛苦其实没有那么难以承受，而且这次分娩时你对整个产程都很了解。产程缩短对宝宝有好处，因为他和你的身体都会承受更少的压力。尤其是在第二产程，胎儿通过产道会更顺利。第一次分娩时，第二产程通常会持续1～2小时，而第二次分娩时这一阶段通常只需要1小时，甚至更短。虽然每个人的分娩经历可能会有很大差异，但第二次分娩通常会比第一次耗时更短、更容易。

另外，再次分娩时会阴侧切的概率也会降低，因为第一次分娩后会阴处被拉伸得更有弹性。如果确实需要侧切，这次的切口也会比第一次的小。分娩后会更快泌乳，对于母乳喂养你已驾轻就熟。

上一次分娩是剖宫产，这次还需要剖宫产吗？

这次分娩是否需要剖宫产取决于第一次分娩时接受剖宫产的原因。如果当初进行剖宫产是由于骨盆小，那么这次分娩医生还会建议再次选择剖宫产；如果第一次分娩选择剖宫产是由于疾病原因如糖尿病或者心脏问题，那么这一次可能还是要选择剖宫产；如果之前选择剖宫产是由于孕期出现的一些问题，并且这些情况可能不会再发生，例如，胎儿自身的原因，那么这次可能不必再选择剖宫产。是否选择剖宫产，需要事先与产科医生沟通，他会给你专业的建议。

本章总结

- 第二次怀孕你会有很多不同的感受。
- 如果你有一些焦虑与担忧，主动寻求帮助。
- 第二次分娩会更顺利。

第三章

迎接第二个孩子的出生

乔安妮快3岁了，性格活泼开朗，在妹妹波莉出生前，她一直是集父母宠爱于一身的幸福的小公主，妹妹波莉的出生是否会给乔安妮带来巨大的压力呢？怎样才能减轻这种压力？妈妈萨莉像其他妈妈一样，对乔安妮会知道自己不再是家中唯一的宝贝这件事感到十分焦虑：

"小宝宝出生对乔安妮会有什么影响呢？小宝宝第一次回家时，乔安妮会伤心吗？我们一直在想怎样才能帮助她，她以前一直是我们关注的焦点，她会怎样应对这个改变呢？"

这些问题没有标准答案，如何做主要取决于每个家庭的具体情况。许多专家都十分强调让第一个孩子参与到迎接弟弟妹妹的准备中来，比如父母要不断地与第一个孩子交流这件事，要多给第一个孩子讲有关兄弟姐妹的故事；而有的专家则认为准备与否并没什么区别，绝大多数孩子都会或多或少地为家庭新成员的到来做一些准备。即使家长没有花时间给第一个孩子讲关于弟弟妹妹的故事，也没有向他详细解释家里将会发生什么改变，他们仍然可以通过大人间有关第二个孩子的谈话而有所了解，而且他们也可能曾接触过有小宝宝的家庭。我们确实无法提前判断第一个孩子对弟弟妹妹的到来会做出什么反应——年龄不同，家庭成长环境不同，对第二个孩子到来的反应也会千差万别。

但无论怎样，在帮助第一个孩子迎接弟弟妹妹到来的过程中，有些准备还是很重要的，依据是关于儿童如何应对重大改变及压力事件的相关研究、一些第二个孩子出生后兄弟姐妹间如何相处的相关研究，以及多子女家庭父母对孩子情况的真实评价与反映（最重要的依据）。但要记住，这只是一些通过研究和访谈获得的信息，并不能涵盖所有的可能性。

研究发现，事先的准备可能只是在弟弟妹妹刚出生时会影响第一个孩子的反应，大约一周后，第一个孩子的反应就会发生天翻地覆的改变。

阿诺德3岁，来自英格兰。之前他通过和父母的交流为妹妹的到来做好了准备，并且在第一次见到刚出生的妹妹时，他看起来十分高兴。

"我一回家就把妹妹抱给他，让他抱抱。"阿诺德的妈妈回忆道，"他当时高兴地抱着小妹妹，不想让我把妹妹放进婴儿车，一直坐在沙发上抱着她。"

但是，三周之后，阿诺德变得很容易生气，总爱找麻烦，一个月之后还出现了退缩行为。

"现在他就像活在自己的世界里。"阿诺德的妈妈说，"他如此安静，我想他是感到自己被忽视、被抛弃了。以前有人到家里拜访，他总是十分兴奋，现在他却很安静。"

确实，小宝宝回家后，阿诺德除了刚开始的三周很高兴以外，后来都十分难过。

显然，关于弟弟妹妹的书籍和谈话对阿诺德并没有帮助，但是如果对他隐瞒这件事反而更糟糕。如果你的第一个孩子对即将发生的事情感到好奇，想确认你是否会给他生个弟弟妹妹，或者对即将出生的弟弟妹妹很有兴趣，那么和他谈论弟弟妹妹的事情效果反而更好，而且你要告诉他弟弟妹妹的到来会给他的生活带来哪些改变。毕竟，提前做好准备，努力减少第一个孩子可能会产生的难过情绪，这是一种爱的表现，孩子会感受得到并予以理解。

如果你想让第一个孩子为即将到来的变化做好准备，下面是一些指导原则。

与第一个孩子谈论弟弟妹妹

什么时候开始做准备、做什么准备要根据第一个孩子的个性和年龄而定，与一个18个月的孩子和与一个6岁的孩子谈论的内容是不一样的。由于孩子对时间的感知和我们不同，所以告诉他们妈妈怀上小宝宝的时机也不同。如果你的第一个孩子不满3岁，你在怀孕早期就告诉他要有弟弟妹妹了，带给他的将是漫长、无聊的等待。其实，你可以顺势而为。比如，2~3岁的学步儿可能会发现你怀孕后体形的变化，通常会问你为什么肚子变大了，你可以借机和他谈一谈。

你不需要详细地告诉他什么是怀孕，只需要说：

"咱们家就要迎来一个小宝宝了，他现在就在妈妈的肚子里，从一个鸡蛋那么大开始在妈妈肚子里慢慢地长大。"

然后看他会不会提一些问题。你还可以告诉他，他也是这样在妈妈肚子里长大的，等小宝宝长得足够大就会在医院出生，就像当时他出生一样。

如果他问你：

"我可以看看小宝宝吗？我以前也是在妈妈的肚子里面吗？"

你可以简单明了地回答他，并鼓励他多提问题。你可以和他说：

"小宝宝出生以前我们看不到他，但是你可以感受到他在动，把你的手放上来。"

"是的，你以前也是在妈妈肚子里，和小宝宝现在一样。"

怀孕分娩对学前儿童而言是个很难的概念，所以不要给他过量的或他难以理解的信息。

当孩子问你小宝宝什么时候出生时，如果他已经3岁以上了，你可以将小宝宝出生的时间与一些他可以理解的时间点联系起来，比如你可以说"小宝宝会在圣诞节的时候出生"或"小宝宝会在感恩节的时候到来"。

不同的孩子对弟弟妹妹的期待是不同的，对即将发生的改变的担心也是不同的。有的孩子对此并不感兴趣，而有的则十分好奇，还有的很喜欢小宝宝，想了解更多关于小宝宝的事情。当然，有的孩子会表现出担心，如果是这样，你喋喋不休地和他说将来可能会发生的变化是没有用的。

杰米是一个容易焦虑的3岁男孩，有关弟弟妹妹的问题，他每天都会问妈妈很多次，妈妈会很聪明地将他的注意力引向别的话题。

如果你的孩子也和杰米一样焦虑，请记住，他需要爱与支持才能安心。

4岁的安迪对于小宝宝怎么在妈妈的肚子里长大，以及小宝宝什么时候出生十分好奇，他想弄明白这些问题。和爸爸妈妈的多次谈话对他很有帮助，他渐渐地对小宝宝有了"人"的概念。

如果你的孩子正处于好奇的4~6岁，你一定要和他讨论这些问题，你们可能会展开一段关于小宝宝的很棒的对话。对话时要注意孩子在问题中隐含的试探，不是所有的问题都是出于好奇心。孩子可能希望从你的回答中得到他还会像现在一样被爱的保证，他可能担心他的物品和房间会因为小宝宝的到来而被侵占。

6岁的孩子虽然已经是大孩子了，但在面对变化的时候依然需要父母更多的情感投入。毕竟整整6年他都拥有父母全部的爱，在家里他是唯一的宝贝。

多与你的第一个孩子谈谈小宝宝长什么样、他可以怎样帮助你照顾小宝宝，可以让他感到自己是一个有能力的人。让他把手放在你的肚子上，感受一下胎动，可以帮助他明白你的肚子并不是像气球那样里面充满了气体，而是有一个小生命。如果你已经知道了小宝宝的性别，可以告诉第一个孩子，这会让小宝宝在第一个孩子心中不再神秘。你要告诉第一个孩子，这个即将到来的宝宝会很小，并且至少在一开始的时候会经常哭闹。

5岁以上的孩子已经能很好地理解小宝宝的出生和成长，如果能用图片呈现婴儿成长的过程，他们会很感兴趣。

给第一个孩子讲他小时候的故事

多数孩子对自己的成长故事有着无尽的兴趣与好奇，因此把你孕育第一个孩子的故事告诉他是非常有帮助的，同时还可以将小宝宝的胎动与第一个孩子的成长故事联系起来。与第一个孩子分享这些故事，让他熟悉小宝宝的成长过程，对你和第一个孩子来说，会是一段幸福快乐的时光。记得要讲一些有关他出生及婴儿期的细节，给他看你怀孕时的照片，以及他出生后在医院和在婴儿床里的照片。一位父亲说，有段时间，他的儿子最喜欢看的视频就是自己还处于婴儿期的视频。

和第一个孩子一起看书

和第一个孩子看一些有关弟弟妹妹到来的书也会有帮助。

有一位母亲说：

"找一本描述新生儿哭闹的图画书，不能只给他们看一堆安静的或可爱地望着你笑的婴儿的照片！不然他们很快会发现这一切都是假的！"

如果你能找到这样一本书，而且书中的主人公刚好与你的孩子重名，那就太好了。这样的书会更贴合真实的生活情景，会帮助孩子明白他的生活将会发生怎样的改变。

此外，你还可以和第一个孩子一起制作一本关于他出生及出生后几个月的照片书。你要选择孩子可以理解的内容。例如，如果你有一个4岁的孩子，他很好奇你腹中的胎儿是怎样长大的，你可以在照片书里放一张你怀着他的时候的照片。

有一位母亲找到了孩子出生后前几个月的所有照片，包括在医院、第一次喂奶、第一次回家、第一次见爷爷奶奶等场景的照片。

"我和儿子把这些照片粘贴在这本'书'上。"她说，"我们俩都觉得这非常有趣！他还曾经一度在睡觉前要求看这本'书'。"

让第一个孩子给弟弟妹妹起名字

如果他起的名字很荒谬，那这个名字可以作为弟弟妹妹的小名，或者作为他对弟弟妹妹的专属称呼。

向第一个孩子解释你为什么很疲惫

如果你因为怀孕而感到疲惫，要告诉第一个孩子你为什么会疲惫，而不要让第一个孩子觉得你生病了（他可能会因此担心），或者你不需要他，或者你没心思照顾他、陪他玩。你要经常抱他，不要说一些类似"因为我现在怀着小宝宝，所以我不能抱你"的话，否则会更难让他接受即将出生的宝宝。抱抱你的第一个孩子吧，直到你真的再也抱不动他。别和他说你不能抱他，起码你可以在坐着或躺着的时候抱他。

避免让第一个孩子感觉神秘和焦虑

当你与他人谈论即将到来的小宝宝时，即使是一个不满2岁的孩子也能意识到你们在说什么。因此，不要让第一个孩子对这件事情产生疑虑，疑虑可能会导致不必要的担忧。你要明白地告诉第一个孩子，当你去医院生小宝宝的时候他会待在哪里，向他保证小宝宝出生以后，你会继续和他一起散步、做游戏、给他讲睡前故事，就像现在一样。

2岁的简不断地询问小宝宝会不会在她的小床上睡觉，很明显她对小宝宝充满了好奇，但同时又很担心她的小床会不再属于自己。父母向她保证小宝宝会有自己的摇篮，她可以继续拥有自己的小床。

第一个孩子经常会担心二胎宝宝出生后他们最喜欢的东西会被小宝宝占有。"小宝宝会玩我的玩具吗？"一个3岁的孩子一遍又一遍地问爸爸妈妈，很显然他在寻求一个保证。

如果第一个孩子对此感到焦虑，你要耐心地向他保证，小宝宝不会玩他的玩具。物品的归属权对两三岁的孩子是很重要的，父母应该重视这个问题。玩具是他们生活中最重要的物品之一，如果他们一直担心玩具会被别人拿走，会在很大程度上影响他们的正常生活。

不要让第一个孩子觉察到你对第二次怀孕和腹中宝宝的担忧，而且要注意与第一个孩子谈话时态度要温和。新生宝宝很可能会让第一个孩子感到沮丧，对此你要有心理准备。一位母亲曾经向他的儿子保证，会给他带回一个可以和他一起踢足球的弟弟，但这个刚出生的宝宝要好几年后才可能学会踢足球。同样地，一些前来拜访的亲朋好友可能会对你的第一个孩子说"你将会有一个可以陪你玩的妹妹"，这类说辞应该完全避免，因为在小宝宝刚出生的几个月，他根本不可能成为哥哥姐姐的玩伴，不要让第一个孩子有错误的期待，否则他会失望的。

给第一个孩子提供与婴儿接触的机会

为迎接小宝宝做了许多准备的孩子，不免会对小宝宝产生一些特别的期望，但当他们真正看到新生宝宝时往往会大失所望。

劳伦曾带3岁的女儿雪莉去上迎接弟弟妹妹的准备课程，在课堂上，孩子们会和一些玩具娃娃玩，并且假装这些娃娃就是他们即将出生的弟弟妹妹，但这样做的效果并没有想象得那么好。劳伦沮丧地回忆道：

"她有自己做事情的一套模式，在小宝宝出生前，她与玩具娃娃相处得很好，她读了有关弟弟妹妹出生的绘本，参观了弟弟妹妹将要出生的医院，做了所有的准备。我本以为如果我们没做这些准备，事情会变得很糟，但是这些准备并没有让我们头几个星期的日子变得好过！雪莉喜欢玩具娃娃，但当她发现新生宝宝并不是一个玩具娃娃时十分失望。她认为新生宝宝太重了，而且总是哭闹，所以她觉得这个真正的宝宝令她很失望。正因为事实与她的期望不符，所以事情变得更糟糕。"

还有一个孩子，偶然看到一个活泼可爱的10个月的宝宝，就认为自己即将出生的妹妹也应该是这个样子。结果妹妹出生后他很失望，因为妹妹有一张皱巴巴、红彤彤的脸，还总是哭闹。

让第一个孩子近距离接触真正的婴儿（而不是玩具娃娃），可以让他们对即将出生的宝宝有正确的期待。你可以带着孩子去拜访家里有新生儿的朋友，让他看看你是怎样与新生宝宝相处的。如果你有一位正处于哺乳期的朋友，可以带着孩子去拜访她，让孩子看看小婴儿吃奶的样子，这样当你给新生宝宝喂奶时，孩子就不会感到奇怪了。

有些父母发现养宠物会有帮助，因为宠物很弱小，需要关爱和保护。

有一个孩子在看过家中的猫分娩后告诉妈妈，他觉得刚出生的小奶猫非常脆弱，很容易受到伤害。他的妈妈告诉他即将出生的小宝宝就像小奶猫一样弱小，需要特别的关爱和保护。

无论你如何精心、努力地让第一个孩子做好准备，都可能发现他仍然会感到失望、生气，或者因小宝宝的到来而受到打击，之前的努力似乎总会付诸东流。这并不奇怪，试想如果换作是你，你的妈妈因为怀着小宝宝而不能抱你入怀，她总是疲惫、烦躁，你的日常生活被搅得天翻地覆，你会有什么感受呢？再试想一下，作为成年人的你，对于将要发生的事情（如第一个孩子的出生、与朋友的分离或者亲人的离世）即使做了充分的准备，但当这件事真正发生时，依然会感到不知所措。你可以想象，自己的生活因新出生的宝宝永远地被改变了，这对还处于学步期或还在上幼儿园的孩子来说是何等沮丧。在第二个孩子出生前，你可以和第一个孩子拥有一些愉快的亲子时光，帮助他做好心理准备，但不要指望这些准备会产生奇迹般的效果。

尽量减少日常生活的改变

因为弟弟妹妹的出生而不得不面对日常生活的各种改变与挑战，会使第一个孩子的沮丧感更加强烈，最有效的解决方法是尽量减少第一个孩子日常生活的改变。但无论如何，有一点你是无法避免的，那就是当你在医院分娩时，会由其他人替你照顾第一个孩子。

◆ 提前熟悉其他照看者

第一个孩子如果在弟弟妹妹出生前就已经习惯了与妈妈分离（例如，被送入幼儿园，或者妈妈在外工作），那么他在面对因弟弟妹妹的出生而再次与妈妈分离时，就会表现出较少的沮丧。因此，让他习惯妈妈短期的离开，并在弟弟妹妹出生前习惯由其他人照顾，是不错的做法。但妈妈需要注意的是，照顾第一个孩子的"代理妈妈"可能不仅会忘记孩子的专属杯子、习惯的睡眠时间和喜欢的日常游戏，而且也可能会影响孩子的生活的期待以及对家庭规则的理解，对孩子要么过度纵容，要么过度限制。所以，最好在你去医院待产之前，让孩子经常接触将要替你照顾他的人，你也要把孩子的习惯以及你对对方的期待表达清楚。

下面是两位妈妈的心声。

"哈维现在有点儿叛逆，而且我一批评他，他就哭。我想，这是因为我父母上周帮我照顾他，我爸爸每天都带他去商店买零食，把他宠坏了。"

——哈维的妈妈

"以前，我们经常带劳拉出去玩，而现在我妈妈很少带劳拉出去。她并不是很宠劳拉，甚至对劳拉有些不耐烦。"

——劳拉的妈妈

如果他习惯并喜欢去幼儿园或学前班，那么当因为弟弟妹妹的到来而感到沮丧时，依然能从幼儿园或学前班感受到稳定的、真实的支持。但有的孩子不喜欢去幼儿园或学前班，每天去上学会让他们感觉自己被忽视、被抛弃。如果你的孩子苦苦哀求你，不想去上学，你应该考虑做一些其他安排。无论怎样，在这一阶段，最好让第一个孩子的日常生活尽量正常、有规律。

如果以前像哄孩子入睡、帮孩子洗澡穿衣、接送孩子去幼儿园或学校这些事都是妈妈做，那在孕期的最后几个月，不妨爸爸、妈妈轮流做这些事。这样，当妈妈不在或忙于照看第二个孩子时，爸爸和第一个孩子都会习惯这些日常活动，并能从中获得快乐。在安排睡前时间或做饭等方面，爸爸的方法可能和妈妈不同，在第二个孩子出生之前就让第一个孩子习惯爸爸的照顾是一种很棒的做法，尤其是如果第一个孩子尚处于学步期，极易对弟弟妹妹出生后日常生活的改变感到沮丧。

有一些妈妈难以忍受丈夫笨拙地照顾孩子，因为她们自己在照顾孩子方面总是游刃有余。正如杰琳所说：

"当我丈夫照顾孩子时，你无法想象我需要收拾多么混乱的残局！房间一片混乱，孩子身上穿着奇怪的衣服！我时常觉得这真不值得，索性让他别管了！"

其实让丈夫帮忙照看孩子是值得的，这不只是为了他们，也是为了你自己。试着这样想，即使爸爸做得一点儿也不好，那也没关系，例如他可能会给孩子穿错衣服，不会打扫卫生，不会给地板打蜡，或者总把浴室搞得一团糟，给孩子穿的袜子不是同一双，喂孩子吃从没吃过的食物……这都不重要。重要的是，孩子和爸爸在一起很高兴，并且适应了和爸爸相处的方式。

对奶奶、姥姥、姨妈、姑母、朋友以及其他照看者而言，也是这个道理。虽然你对如何照顾孩子很难不发表评论，但是无论如何都要控制自己！有了第二个孩子之后，能够得到他人的帮助很不容易。所以在第二个孩子出生前，你就需要尽可能地给其他照看者一些信心，让他们不要太紧张。

◆ "那是我的小床！"

当自己的小床被让给新来的宝宝时，许多孩子会感到沮丧。因此，如果你计划让第二个孩子睡哥哥姐姐的小床，最好在第二个孩子出生前做一些准备。你可以给第一个孩子买一个新床，并在床上贴一个标签，写上"大孩子专用"。最好先当着第一个孩子的面将小床拆卸、移走，到需要使用的时候再拿出来，而不是把它直接搬到第二个孩子的房间里，或者放到墙角边。如果第一个孩子不愿意让出自己的小床，不要强迫他。你可以向朋友借一个小床给第二个孩子，或者让第二个孩子睡便携式婴儿床。小婴儿是不会挑剔的，也不会因此而不开心。如果你的两个孩子年龄只差1岁，你可能得考虑买新的小床了。

你们为迎接第二个孩子的到来所做的准备，如给他买衣服、添置生活用品、准备小床，可能会令第一个孩子感到兴奋或沮丧。如果他对此感兴趣，并且愿意和你一起做计划、购物，那就太好了！让他和你一起做吧，这有助于他减轻自己被遗忘、被排斥的感觉。但是，大多数孩子会觉得购物很累、很无聊，所以你要注意别让孩子太累。你还会发现自己与第一个孩子在该买哪个小床、哪辆婴儿车等问题上会有不同的看法，为了让他开心，你可能倾向于按照他的喜好买。但要记住，如果小宝宝睡的小床是第一个孩子喜欢并精心挑选的，第一个孩子可能会因为小宝宝睡了自己喜欢的小床而不喜欢弟弟妹妹。如果你不想陷入麻烦，那就不要让第一个孩子和你一起去购物，或者不采纳他的建议，否则你可能会听到第一个孩子对你说：

"我也要一个婴儿浴盆。"
"那不是小宝宝的，那是我的！"
"我想要回我的小床！"

你要慎重对待这个问题，不要为了给小宝宝准备东西而过多地影响第一个孩子的日常生活。

◆ **不要急于让第一个孩子接受如厕训练**

尽管看到两个穿着纸尿裤的孩子会让你很崩溃，但如果你的第一个孩子还未接受如厕训练，现在并不是让他接受这项训练的最佳时机。如果他看起来像是准备好了，你可以尝试一下，看看他是否可以做到。但一般而言，最好等到第二个孩子出生几个月后，再对第一个孩子进行如厕训练。不要着急，当孩子两三岁的时候，你只需稍作训练，他就能很快学会。

◆ **幼儿园：去还是不去？**

现在可不是把第一个孩子送进幼儿园或学前班的好时机。很多在第二个孩子出生时把第一个孩子送入幼儿园或学前班的父母，事后回忆起来都很后悔。

凯特在想起第一个孩子罗伊时说：

"我生完老二的第一个星期就把老大罗伊送进了学前班。那段时间，我真的很无助，我丈夫必须工作，没有人帮忙照看罗伊，因此在当时看来把他送到学前班是最好的选择。然而罗伊却根本无法适应，我们最终不得不放弃了这个计划。"

第二个孩子的出生，打乱了第一个孩子的生活，如果此时把第一个孩子送入幼儿园，他肯定会非常排斥与反对。从某种意义而言，他们的拒绝是合理的。但如果第一个孩子很喜欢上幼儿园，让他和妈妈、小宝宝一起待在家里的做法也是有问题的。就像一位家长所说：

"第二个孩子出生后，我们把第一个孩子从幼儿园接出来，这简直是一个错误。我们本以为第一个孩子想和我还有小宝宝待在家里，但她很想念小朋友和在幼儿园的日子。"

◆ 搬家

有一些家庭因为家中有了两个孩子需要搬到一个更大的房子。如果你必须搬家，最好在孕早期就搬。在第二个孩子出生前后搬家，会给处于学步期或学龄前期的第一个孩子带来压力和烦恼。这种变化甚至也会影响一些年龄更大的孩子，就像亚历克斯所说：

"确切地讲，搬家并不是一个错误的决定，因为我们别无选择。在妻子去医院分娩的那周，我们搬了家。但没想到的是，搬家后我的女儿变得十分黏人，并且容易烦躁。我觉得搬家给她带来了压力。"

◆ 多拥抱第一个孩子

如果你的第一个孩子还处于学步期，喜欢被抱着，但站着抱起他对你来说已经非常困难，你可以坐着把他拥入怀中。如果他现在能够习惯你坐着抱他、哄他，那么在第二个孩子出生后，他就不会因为你无法经常把他抱起来而感到沮丧。你要温柔地鼓励他变得独立一点儿，鼓励他自己上楼梯（你要紧紧地跟在他身后保护他），教他自己穿衣服。如果他可以自己完成这些简单的任务，一定要及时表扬他。但如果发现他需要额外的照顾，就不要急于让他独立。

◆ 告诉第一个孩子你为什么去医院

在你去医院分娩前，应该告诉第一个孩子他会待在哪里、谁会负责照顾他。你要让他知道，他的日常生活会与现在一样。告诉他，你在医院时会给他打电话，他也可以去医院看你。当然，最重要的是，你要告诉他过几天你就回家了。如果即将到来的分离会使他感到焦虑，那就不要总是提起这件事，你可以简单而平静地向他描述接下来几天的生活，然后寻找其他能引起他兴趣的事情做。

在你去医院前，可以给他买一个礼物，或者买一些他喜欢的食物。这样，当你在医院的时候，他就可以和爸爸一同分享这些食物了。

本章总结

● 给第一个孩子讲述他小时候的样子，给他看他小时候的照片或视频，并告诉他，他是怎样长大的。

● 与第一个孩子谈论弟弟妹妹。让第一个孩子感受胎动、给弟弟妹妹起名字，这些都会让他感到自己长大了、有能力了，也能让他开始了解胎儿是一个活生生的人。

● 与第一个孩子一起阅读有关弟弟妹妹的书籍，让他了解即将会发生什么。

● 与第一个孩子一起制作一本关于他自己的照片书。这本照片书要包括他出生前及出生后的成长故事，还可以加入你和他的图画或照片。

● 为第一个孩子创造接触小婴儿的机会。你可以和他一起帮助你的朋友照看小宝宝，去拜访正处于哺乳期的亲朋好友，让他有机会接触小婴儿，对小婴儿建立正确的认识。

● 养宠物。养宠物可以分散第一个孩子的注意力。宠物需要照顾，你可以让第一个孩子感受小动物是多么脆弱，有助于他们对刚出生的弟弟妹妹产生怜爱之情。

● 多拥抱第一个孩子。如果你坐下来抱他让你的背部更好受些，那就坐下来抱抱他。

●鼓励其他照看者现在就开始行动！如果他们有能力并愿意，那就鼓励他们尽早来帮你照看第一个孩子，不要等到第二个孩子出生后再让他们来帮你。

●向第一个孩子解释你去医院的时候会发生什么。告诉他，当你不在身边时他会待在哪里、谁会来照顾他，也可以和他讲去医院探望的事情。

●以上内容只是可能有用的建议，而非强制性的规定。现在开始，好好享受和第一个孩子在一起的时光，想一想他目前的兴趣以及你喜欢和他一起做的事情，而不是为了准备迎接第二个孩子而过分担忧。在分娩前少花一些时间在工作上，尽可能多花时间陪陪你的第一个孩子。享受这最后几周只有你和他的时光，这可能比猜测他将怎样面对这个重大变化更重要。

第四章

在医院里

不要打乱第一个孩子的生活

如果你在医院待产时，第一个孩子的生活和往常一样，没有什么大的变化，他通常会表现得很好。我们的研究表明，被迫面对生活的重大改变、妈妈不在身边——这些因素会使第一个孩子更难适应弟弟妹妹的出生，学步儿以及学龄前儿童尤其如此。年龄稍大点儿的孩子，有的也会担心生活的改变，他们会在爸爸回家时不断地问妈妈在哪儿，在妈妈去医院的时候一直等妈妈回家……一些孩子会因为家人的小错误而情绪失控，比如奶奶忘记了他喜欢在早饭后看《芝麻街》[1]，或者他必须盖自己的毛毯才能入睡，等等。因此，当你在医院待产时，无论是谁负责照看孩子，都要让他熟悉孩子的日常作息和生活习惯，告诉照看者孩子喜欢什么、不喜欢什么。如果可以，尽量找孩子熟悉并喜欢的人照看他，如他最喜欢的姥姥或者他最信任的保姆。

1　译者注：美国幼儿教养类电视节目。

有的孩子，无论自己的日常生活是否被打乱，都能很好地适应弟弟妹妹出生的那段日子。当他们回想那段日子时，甚至会因为妈妈离开后生活中出现的新鲜事而感到兴奋，比如爸爸允许他在地毯上玩泥巴，允许他晚睡和看电视，允许他弄脏自己的夹克衫，允许他整夜都与好朋友一起玩……他们怀念那段日子，没有一点儿悲伤的情绪。如果你的第一个孩子是这样的，当你离开他去医院待产时，可以适当地给予他一些特殊的权利。

如果没有人能够在家陪伴第一个孩子，那就让他和朋友在一起。这个方法对3岁以上的孩子尤其适用。

3岁的萨拉从未与妈妈分开过夜，当妈妈去医院生第二个孩子时，她在幼儿园的小朋友家待了一夜。事实证明这个做法很成功，后来萨拉回忆起那个夜晚时，还会问妈妈今后能不能再去一次医院。

通常来说，你才是最了解如何更好地安排自己和第一个孩子以及其他家人的人，你最清楚第一个孩子面对不同的安排会有什么反应。

应该让第一个孩子陪伴妈妈分娩吗？

20世纪70年代后期，美国加利福尼亚州已有让孩子陪伴妈妈分娩的实践，现在美国许多医院都接受了这种做法。有的医院要求陪产的孩子年龄在4岁以上，有的医院则要求2岁以上。支持这种做法的人认为，陪伴妈妈分娩会让孩子更喜欢弟弟妹妹，也不必承受和父母分开的痛苦。这听起来很有道理，但是并没有证据支持。

事实上，很多医生和心理学家都不建议这样做。虽然这样做的意图是好的，但可能对第一个孩子不利。陪伴妈妈分娩的孩子反应差异很大：有的会害怕，他们怕看到血、怕看到妈妈痛苦的样子；有的会感到很无聊，甚至有的孩子说宁愿去看电视；也有一些孩子会很投入、很想帮助妈妈。除了担心孩子的反应外，许多专家认为，让孩子陪伴分娩，妈妈会因为担心身边的孩子而对分娩不利。我个人不建议第一个孩子在妈妈生小宝宝时陪产，因为这么小的孩子很难理解分娩是怎么回事，他们可能会给妈妈造成额外的压力。

如果你仍然在考虑让第一个孩子陪伴妈妈分娩，需要注意以下几点。

● 孩子的年龄。一些医院不允许4岁以下的孩子进产房，因为他们很难理解妈妈在做什么。

● 如果分娩的时候孩子在旁边，你会有什么反应？你能放松吗？

● 孩子自己的想法是什么（有的父母无视孩子不情愿甚至害怕的心理，非要让孩子陪伴分娩）。

● 你和伴侣应该对此达成共识。

如果你决定让第一个孩子陪伴分娩，先带他听一些医院的产前课程是很有必要的。此外,给他带上书、零食和玩具,让他在漫长的分娩过程中有事可做。如果发现孩子有任何退缩、逃离的表现,一定要尊重他的意愿。

如果你在进产房之前没有时间告诉第一个孩子他会看到什么,要让其他人告诉他。要让他知道你可以和他拥抱,他可以看新生宝宝但不能碰他,分娩后你还得在医院待一段时间。

一些家长提到由爸爸带孩子去医院,然后由其他人带孩子回家(爸爸待在医院陪伴妈妈),这种做法是错误的。应该尽可能让爸爸带孩子回家,如果一定要让其他人带孩子回家,如祖父母,要确保孩子回家后能获得一个特殊的奖励。

给第一个孩子打电话

当你住院时,给第一个孩子打个电话是个好主意。如果你需要在医院多住几天,可以每天定时给第一个孩子打电话。但是,你要做好准备,第一个孩子的反应可能是你意想不到的。

3岁的戈登很期待自己能有一个小弟弟,妈妈分娩前他就不停地与妈妈谈论还未出生的弟弟,以及今后他们可以一起做什么。其实父母还不知道小宝宝的性别,但戈登一直坚信自己会有一个小弟弟。小宝宝出生后,妈妈给戈登打电话,告诉他:

"戈登,我们有个好消息要告诉你——你有妹妹了!"

电话那头是一阵沉默，然后戈登说：

"我确实想有个妹妹。"

那一刻，戈登并没有提起自己多么希望有个弟弟，而且在以后的生活中，戈登和妹妹的兄妹亲情越来越浓厚。

戈登的朋友艾琳想要一个小妹妹，当她的妈妈打电话告诉她她有一个小弟弟了时，艾琳毫不掩饰自己的失望和愤怒，对着电话气乎乎地说：

"我才不要弟弟呢！"

如果你的第一个孩子对弟弟妹妹的性别感到失望，你不要因此而难过，也不必过于担心第一个孩子的反应，这些不是决定两个孩子是否能和谐相处的因素。

两个孩子的第一次相见

许多妈妈都会为如何更好地安排两个孩子的第一次见面而苦恼：让他们在医院见面还是在家见面？应该让第一个孩子从幼儿园回家后一推门就看见小宝宝，还是把小宝宝放到婴儿室、先做好铺垫再让他见？当第一个孩子对小宝宝漠不关心时，这些问题可能会被放大。

3岁的雷就是这样的孩子，雷的妈妈十分担忧地说：

"他就是不想看小妹妹，当我们试图让他去看小妹妹时，他就会很生气。我开始想我们是不是应该尝试换另一种方式'介绍'他们认识，如果当初让他们在医院就见面会不会更好？"

实际上，雷的妈妈不需要这么担心。兄弟姐妹会一起度过他们的童年，第一次见面的情形并不能预示将来他们是否能相处愉快。

应该让第一个孩子去医院探望吗？

一般来说，与去医院探望妈妈的孩子相比，不去医院探望妈妈的孩子，在妈妈回家时更可能不理妈妈，拒绝拥抱、亲吻妈妈。有的孩子这样做是因为生气，有的是因为难过或焦虑。大多数孩子去医院探望妈妈时会表现得很积极。表现消极的孩子，有的是因为看到妈妈躺在病床上，以为妈妈生病了而感到难过；有的是因为探访者太多，感觉自己被忽视了，还有的表现得很黏人或忧心忡忡。他们第一次在医院看到小宝宝的反应也十分复杂，很多孩子甚至对小宝宝不感兴趣或态度不友好。

让第一个孩子去医院探望最大的好处是，可以减少第一个孩子因为妈妈的离开而产生的分离焦虑。这对妈妈和孩子来说都不是一件容易事：你会很想他，他也会很想你。

如何带第一个孩子去医院探望？

◆ 不要期望太多

有的孩子很享受在医院的时光，比如有个3岁的孩子，他总喜欢在病房里绕着婴儿床跑，假装自己在抓坏人。有的孩子会觉得去医院探望很浪费时间，有的在探望时全程保持沉默，不关注妈妈，也不去看小宝宝。

提起3岁的女儿罗拉，妈妈希拉这样说：

"因为剖宫产，我在医院待了四天。这4天对罗拉来说真的很难熬，她之前只与我分开过一晚。她经常来医院看我，但医院只允许晚上七点至八点探望，那时劳拉已经很累了。可能是因为白天太兴奋了，晚上她需要早点儿上床睡觉。这样的探望让她吃不消。"

如果你的第一个孩子在探望期间表现出活泼好动，或者疲惫、烦躁不安，那就缩短探望的时间，或者减少探望的次数。注意观察孩子的反应，问问他感觉如何，在他情绪崩溃前让爸爸送他回家。

◆ 在家出现困难行为

琼有一个2岁的孩子罗伯，她讲述了很多妈妈都会担心的事情：

"他们告诉我，我在医院的这几天，罗伯不怎么吃饭，一整夜都不睡觉。这让我很担心。我想我让他对生活感到绝望了！"

第一个孩子可能会在你住院期间心烦意乱、大哭大闹或过分黏人，你不必为此担心。我建议，如果他这样做能帮助他迈过这道坎，可以允许他有这些表现。这些问题十分常见，并且多数不会持续太长时间。如果第一个孩子想你了，这表示他需要更多的关爱、安抚与关注。

◆ 如果第一个孩子不愿意理你

如果第一个孩子来探望你时，表现得很生气或者不愿意理你，不要难过，这并不意味着他不爱你了，正如你和他分别几天也不意味着你不爱他了一样，但有的孩子的确会把你暂时的离开理解为你不再爱他了！当然，当你面对孩子冷冰冰的沉默、生气的眼神以及对爸爸十分亲近的表现时，你会感到很不开心。你要记住，这很正常，而且很快就会过去。

◆ 探望者不要太多

探望者太多意味着第一个孩子得不到你全部的关注，这比探望者忽视他而去逗小宝宝更让他难受。而且，喧闹的场景会让学步儿或学龄前的孩子感到烦躁。

杰克感到，当他2岁的女儿苏来医院探望妈妈和小宝宝时，病房里有太多的探望者，这是一个错误。杰克说：

"我们都太开心了，大家在不停地聊天，苏都没有机会好好看一看刚出生的宝宝。她表现得很古怪、难搞，最后还哭了起来。这并不是一个美好的时刻，相反，这是灾难的时刻！"

◆ 为第一个孩子准备礼物

你住院时给第一个孩子准备一份小礼物是个不错的想法，他可能会因此更喜欢弟弟妹妹，或者愿意把礼物转送给弟弟妹妹。无论如何，这都会让伤心难过的孩子重新振作起来。即使他已经七八岁了，也会因为收到礼物而高兴。在弟弟妹妹出生后得到礼物，会使第一个孩子永远记得收到礼物的奇妙时刻。但不要对第一个孩子说这份礼物是刚出生的小宝宝送给他的，这会使他很困惑，他还无法理解礼物是你们买的而以小宝宝的名义送给他的这种复杂的关系。他不明白眼前这个小小的、爱哭闹的小家伙怎么会给他买礼物呢。你应该告诉他，这份礼物是因为妈妈爱他而送给他的，是让他知道当他必须离开你回家时这份礼物会像妈妈一样陪伴他。

本章总结

● 让其他家人带你的第一个孩子来医院探望。注意观察他的表现，如果他累了、烦了或表现出难过，就送他回家。

● 不要有太多的探望者。探望者太多意味着孩子得不到你的关注，而你的关注正是他最需要的。

● 如果听说当你不在家时，第一个孩子不睡觉或嚷着要奶瓶，请不要担心。这很正常，这并不意味着他不喜欢小宝宝，而且这种情况不会持续太久。

● 当第一个孩子来医院看望你时，你要做好被拒绝或被忽视的心理准备。

● 当第一个孩子来医院看望你时，为他准备一份小礼物。

● 如果第一个孩子不喜欢小宝宝，不要太担心，现在的态度并不代表以后他们无法友好相处。

第五章

两个孩子一起生活的前几周

> 每天早上伊恩做的第一件事就是问我妹妹在哪儿，看见妹妹他会很高兴，总想抱抱她，还会和她说话……他很喜欢妹妹，但他却总是折磨我！
>
> ——克里斯，3岁的伊恩和刚出生的乔的妈妈

克里斯从医院回到家时已经十分疲惫，但她迫不及待地想见到儿子伊恩，又很担心伊恩的反应。对于伊恩来说，妈妈回家太令他激动了——在分别了漫长的两天一夜之后，妈妈终于回来了，还带回来了他一直听别人提起的小宝宝。爸爸和姥姥也在家，他们负责在妈妈住院期间照顾伊恩。伊恩太开心了，他围着每个人跑，想抱抱小宝宝，还想让妈妈把他抱起来，让爸爸与他玩乐高，又想让妈妈给他讲故事。克里斯虽然已经筋疲力尽了，但还是把小宝宝交给丈夫抱着，自己坐下来给伊恩讲故事。然而伊恩却突然推开妈妈，哭着说他想要爸爸；当妈妈离开房间时，伊恩又哭着让她回来。姥姥试图过来哄伊恩，但伊恩哭得更凶了。

伊恩很喜欢妹妹，妹妹哭的时候他会关心妹妹，而且他还

提出想帮妹妹洗澡。但他会对妈妈提出各种要求。他不愿意自己玩儿，但当妈妈坐下来想和他玩时，他却常常毫无缘由地大哭起来；晚上他总是不能乖乖地上床睡觉，还多次跑到爸爸妈妈的卧室，但妈妈夜里要给小宝宝喂奶，小宝宝夜里睡得也不安稳。这一切让妈妈克里斯感到已经快受不了了。

忙乱、疲惫的前几周

对大多数父母（尤其是母亲）而言，从医院回家后的前几周确实非常难熬。即使小宝宝很安静，也必须时刻给予大量关注。妈妈常常会感到很累，睡眠时间都被剥夺了。第一个孩子可能会沮丧、心烦，很难搞定。许多妈妈会产生一种愤怒与内疚交织的矛盾情绪：愤怒来自第一个孩子永无休止的各种要求和乖张的行为，内疚是因为她们觉得是自己让第一个孩子不再快乐。这些情绪都是可以理解的，只是它们让你很难保持冷静。

很多孩子在弟弟妹妹出生后的最初几周都有一种被替代感，他们觉得父母对自己的关注因为弟弟妹妹的到来而减少了很多——与父母一起玩游戏、搭积木、读故事书的时间少了，表现好的时候也不像以前那样总能及时得到父母的表扬。这不仅是因为妈妈要照顾小宝宝，还因为她很累，压力很大，也很忙。当小宝宝终于吃完奶了或睡着了，妈妈累得只想躺下来休息，有时还不得不做那些堆积如山的家务，或者给朋友打电话倾诉一下。

凯莉觉得自从带二胎宝宝回家之后，她3岁大的儿子蒂姆就变得情绪低落了。她知道蒂姆的不良情绪部分源于她无法像从前那样给予蒂姆足够多的关注。

"现在他总想跟着我、打断我正在做的事、惹我生气。"凯莉说，"我想尽量不发火，却总是控制不住。"

玛格丽特是5岁的艾拉的妈妈，她也面临相同的情况，她说：

"我知道自己没有像从前那样对待艾拉，我太忙了，要做到和以前一样真的很难。我有太多的事情要忙，我丈夫又长时间不能在我身边，所有的事都要我一个人做。但我知道，我应该努力为艾拉挤出更多的时间。看起来，我们家不会再像以前那样平静了。艾拉真的很难搞定。"

关注、陪伴第一个孩子

那些因弟弟妹妹的出生而被父母冷落的孩子是最伤心的，因此你应该努力通过各种方式补偿他，这很重要。在小宝宝睡着之后，尽量抽出时间陪陪你的第一个孩子。如果可能的话，当小宝宝不需要你照顾时，你可以去学校接第一个孩子放学。先把家务活放在一边，让你的丈夫负责购物。当玛格丽特每天抽出一两个小时与艾拉单独相处时，艾拉的问题就会明显减少。

因此，不管你多累，也不管你多么渴望能够有一段属于自己的时间，多花时间陪陪你的第一个孩子，和他一起读读书，多抱抱他，这都是值得做的。如果条件允许，你可以单独带他出去，即使只是在附近散散步。你可以和他坐在床上，一起看一部你们都喜欢的电影，这样做会让你有意想不到的收获。

不仅你的第一个孩子可能因家庭关系的变化而感到沮丧和困惑，你可能发现自己也很怀念以前与第一个孩子亲密无间的相处时光。刚从医院回到家时，许多妈妈会感到自己与第一个孩子产生了隔阂。妈妈们通常在产会后很累、很虚弱，要忙于照顾刚出生的宝宝，还要花很多精力给刚出生的宝宝喂奶。同时，她们还可能发现，第一个孩子突然之间与自己疏远了。

蒂娜是20个月大的伊万的妈妈，她这样形容这种感觉：

"就像是透过模糊的玻璃看世界一样，我看到了一个模糊的画面，那是我们在一起亲密无间的画面，但是我无法靠近这个画面。"

这种隔阂感通常会随着妈妈身体状况的改善而消失。

第一个孩子的不同反应

对无法控制自己的情绪或无法理解改变意味着什么的年幼的孩子来说，被动接受生活规律的改变是十分痛苦的。出于对自己是否仍会被爱的担心，以及对"篡位者"的嫉妒，任何年龄的孩子都会产生十分强烈的情绪。即使五六岁的孩子，在这一时期也会渴望自己受到婴儿般的对待，以重新确定自己是被爱的。

"被篡位"的第一个孩子表达自己的方式是多种多样的。

4岁的杰里米的妈妈由于分娩后身体出现了一些问题而在医院待了好几天，当她和小宝宝回家时，杰里米表现出退缩和沉默。他常常抱着泰迪熊在角落里坐好几个小时，或者漫无目的地在房间里走来走去，连玩游戏都无法专注。他并没有向妈妈提出任何要求，对刚出生的小宝宝也没有任何兴趣。

23个月的凯莉的反应与杰里米完全不同。妈妈带着小宝宝回家后，她总想有人不停地抱她，小宝宝的东西她也想要。

杰里米的退缩、凯莉的各种需求，以及本章开头提到的伊恩发疯一般的哭泣与矛盾的行为都是强烈的情绪反应的表现，他们都需要安慰。

即使第一个孩子的行为让你心烦意乱，你也应该尽可能地多拥抱他、给予他需要的爱与关注，这很重要。但这并不意味着溺爱，也不意味着允许他破坏规矩。他需要你蹲下身来，以他的视角看这个世界。需要提醒你的是，即使你已经给予他足够的爱与关注，他也真的十分喜欢小宝宝，但你和他之间仍然可能会出现一些问题。

下面让我们具体了解一下，在妈妈和刚出生的小宝宝回家后的最初几周，第一个孩子可能会有哪些典型的行为表现。在大多数情况下，这些行为反映了他们努力处理但仍无法控制的强烈情绪。记住，这些问题十分普遍：他们可能会像杰里米一样出现退缩行为（据统计，大约15%的第一个孩子会出现退缩行为），而且看起来很伤心；也可能会突然出现一些从未有过的困难行为，个性温和的3岁孩子可能会回到可怕的2岁时的样子，甚至比2岁时更可怕。不要因为第一个孩子有这些表现而认为自己很失败或觉得内疚。

◆ 出现退行行为

"吉姆现在总爱哭，我都不敢责备他半句。"

——吉姆的妈妈

怀念婴儿期玩过的游戏，并且会有一些婴儿期的行为，这是十分常见的现象。你的第一个孩子可能会突然开始玩角色扮演游戏，说他是熊宝宝、爸爸是熊爸爸；也可能会开始尖叫、发出婴儿般的声音；还可能假装自己是哺乳期的宝宝，让妈妈给他喂奶、换尿布。在弟弟妹妹出生后的头几个月，第一个孩子的这些行为会不断出现。

一位母亲曾经这样描述她的第一个孩子（2岁）的退行行为：

"她要尝一尝婴儿食品，想在婴儿床上睡觉。一开始我认为这绝对不行，但后来我允许她这样做了。她分别尝试了这两件事后，最终认为这两件事并不好玩。"

这位妈妈的做法是正确的，她没有对女儿的退行行为过分担忧。第一个孩子有这样的行为只是怀念婴儿期的感受，是了解小宝宝的一种方式。这一阶段，他的情绪是复杂而强烈的，在游戏中进行情境扮演可以帮助他们处理面临的困惑的、棘手的问题。孩子出现退行行为并不是什么大问题。

即使是一个四五岁、看起来比较懂事的孩子，也可能会出现退行到婴儿期的行为。如果父母看到他们原本懂事的孩子，竟因为没有拿到他一直喜欢的玩具而崩溃时，往往会感到不知所措。这种重新对一个玩具、一件衣物或其他安抚物产生的迷恋，是孩子应对不安全感的方式之一。第一个孩子会突然开始依赖某个安抚物，特别希望在自己入睡、去幼儿园、午休或者疲惫的时候，这个安抚物能一直在他身边。如果你带他去旅行，而忘记带那个特别的玩具或毛毯，或者把它们落在了酒店，这会令第一个孩子非常难过。别太担心，孩子的这种强烈的心理依赖随着时间的推移会逐渐消失。你要给予他额外的爱与关注，像对待二胎宝宝一样对待他，和他谈论他还是小宝宝时的样子，以及他是如何长到四五岁的。你要让他知道他在你心中是独一无二的，是没有人可以取代的。

有的孩子会不停地问一些与弟弟妹妹有关的问题，也会问一些他们自己小时候的问题。你甚至感觉，他们不是在问问题，而是想把你逼疯。其实，孩子和成年人一样，需要一些信息帮助自己理解正在经历的事情，缓解心中的压力。你应对的最好方式，就是尽量简洁地回答这些问题，而且要有耐心。即使你已经被孩子问得快要崩溃了，也要努力控制自己的情绪。

这一阶段，第一个孩子可能会一直都需要你的关注。无论你是去洗漱、去商店，还是去地下车库，他总是会用胳膊紧紧地搂着你的脖子，或让你背着他。即使他早就已经过了2岁，也还是想让你抱着他去卧室或去洗澡。

这一阶段，第一个孩子还普遍会出现睡眠问题。他可能会在夜里反复醒来，并很难安静地入睡。此时他简直就像个小恶魔，干扰你的睡眠。

此外，已经接受过如厕练习的两三岁的孩子，可能在这方面会再次出现问题。我们在一项研究中发现，50%以上的第一个孩子在弟弟妹妹出生后会出现如厕问题，四五岁的孩子甚至又开始尿床。如果你的孩子暂时无法按以前练习的那样如厕，你要有耐心。暂时降低你的期望值，他会重新养成正确的如厕习惯。

如果你的第一个孩子还是学步儿，你可能经历过让他好好吃饭的苦恼，第二个孩子出生以后，你和第一个孩子关于吃饭的战斗可能会再次上演。保持耐心，他会重新好好吃饭的。

◆ 故意淘气

"西尔维亚以前只是淘气，但现在她变得不听话了。让她安静地睡觉总是那么难，我只能尽量控制自己不发脾气。我实在无法相信她会变成这个样子！她现在没礼貌、很叛逆。她每天都能把我气哭！"

"乔安娜现在变得很自私，看到什么就要什么，如果不答应就发脾气。"

第一个孩子最常见的问题是故意淘气。剑桥大学的一项研究显示，在弟弟妹妹出生后的前两三周，第一个孩子淘气的次数比以前增加了三倍。我观察了许多第一个孩子在家和父母以及弟弟妹妹相处的情景，发现他们当中有很大一部分会反复做之前一直被明令禁止的事情，如玩厨房里的垃圾桶、撕扯房间的壁纸、打翻小宝宝的澡盆、在妈妈坐好要看电视的时候突然拿遥控器换频道、在妈妈洗澡的时候闯入卫生间、弄掉挂在晾衣竿上的衣服，很明显这些行为是故意的。有一个孩子，在妈妈温柔地注视着刚出生的小宝宝时，他拿起自己的杯子，把杯子里的牛奶全都倒在了沙发上；还有一个孩子，在看到同样的情景时，跑到了自家的花园里，在满是泥土的草地上打滚……虽然他们的这类行为总能获得父母的关注，却让父母很生气。

如何避免这种情况呢？如果你能意识到孩子会出现这些行为，提前采取措施，如把垃圾桶藏进橱柜，让他没机会玩垃圾筒；或者在他睡觉时再看电视……在这一阶段，你可能发现很难控制自己的愤怒情绪，你需要为此付出极大的努力。

好消息是，尽管攻击行为在幼儿期、学龄前期甚至学龄期的兄弟姐妹之间相当普遍，但美国、英国、加拿大等国的研究发现，第一个孩子很少直接表现出对刚出生的弟弟妹妹的敌意。可以肯定，虽然弟弟妹妹的到来让第一个孩子产生了强烈的情绪波动，但他们对刚出生的小宝宝非常感兴趣。这个阶段是兄弟姐妹关系形成的开始，注定是无法平静的。新关系的形成不仅对第一个孩子意义重大，对二胎宝宝也是如此，毕竟他将与对自己有强烈的兴趣和情绪反应的哥哥姐姐一起成长。

◆ 出现嫉妒心理

在一段时间，第一个孩子可能会嫉妒爸爸对小宝宝的关注，或者嫉妒爷爷奶奶、姥姥姥爷哄逗小宝宝。当爸爸比妈妈更频繁地逗小宝宝玩、抱着小宝宝时，第一个孩子的嫉妒会表现得更明显。

劳里是3岁的塔米的妈妈，她说：

"我本以为塔米可以接受弟弟，但当爸爸与弟弟一起玩时，塔米总是用奇怪的眼光看爸爸。"

爸爸通常能与第一个孩子建立很好的关系，但当爸爸一心一意地关注二胎宝宝时，与第一个孩子的关系就会变得紧张。有时候，爸爸对二胎宝宝的出生感到非常开心，以至于他们忽视了第一个孩子的感受。如果你们家也有这种情况，那就给爸爸指出来，毕竟这说明第一个孩子非常在乎他。

如果你发现你的爸爸妈妈或公公婆婆对第二个孩子过于关注，也要适当提醒他们，和他们说第一个孩子有多么在乎他们。但是要注意，说这些话时不要让第一个孩子听见，你可以通过电话说明情况，或是在第一个孩子不在身边时告诉老人们。

帮助第一个孩子度过困难期

虽然我们知道第一个孩子出现沮丧情绪和问题行为是很常见的，但是作为家长，当真正面对第一个孩子的这些行为时还是会很头疼。很多家长面临的情况是很相似的：需要照顾刚出生的小宝宝，随时准备给他喂奶、关注他的需求，无法规律地作息；同时还要照顾第一个孩子，因为他总是会惹怒你，比如晚上睡觉前总黏着你，或者叫你帮他穿衣服，你刚过来他又说想要爸爸帮他穿，而当你准备去照顾小宝宝时，他又哭喊着："我要妈妈帮我穿衣服！"怎么做才能帮助第一个孩子度过这个艰难的时期呢？下面是我的一些建议。

◆ 记住，这些问题不会持续太长时间

首先，你要坚持住。这些问题通常只会持续三四周，而且大多数情况下只会在第二个孩子出生后的前6个月出现。对于大多数孩子来说，不断提出要求、拒绝听从你的合理建议、放弃如厕练习等问题行为，会在弟弟妹妹出生后的两三个月内达到高峰，

睡眠问题的持续时间可能稍长一些。当第二个孩子会爬了，你还会遇到更多新的问题。但在此后的几个月，第一个孩子大多数会变得更快乐、更容易相处。最多到第二个孩子9个月大的时候，第一个孩子矛盾的、令人心烦的行为就会停止。然而，如果你的头胎孩子表现得非常沮丧、退缩、担心或害怕，那么这些行为可能会持续更长时间。如果他表现抑郁、焦虑，说明他需要更多的关爱。如果你发现，当你在给第二个孩子喂奶、洗澡或与他一起玩耍时，第一个孩子在一旁安静地吃手指，你千万不要忽视这种行为。你应该专门抽出时间和他玩、和他说话、带他出去参加活动……一起做什么都可以，只要能达到多陪伴他的目的就行。

◆ 现在的问题不会导致以后的争吵打架

我们发现很多孩子，尤其是学龄前的孩子，虽然在弟弟妹妹刚出生时的表现让父母头痛，但这并不会影响他们以后和弟弟妹妹的相处。不仅如此，他们还会像天使一样，毫无抱怨地接受弟弟妹妹。所以，不要绝望，第一个孩子现在的无理要求、淘气以及睡眠问题不会导致今后兄弟姐妹间的争吵。

◆ 保证规律的日常作息

年龄小的孩子，往往很难适应日常作息规律的改变，因此如果日常作息被打乱，他们会更容易感到沮丧、烦躁。妈妈住院对头胎孩子来说本来就是一个巨大的打击，而现在又有很多人来看望妈妈和小宝宝，吃饭的时间被打乱，饭菜也和以前不一样，没有人带他去散步，妈妈总因为太忙、太累而不能和他玩……成年人眼中的琐碎之事，对一个学龄前儿童来说可能意义非凡：用自己专用的杯子喝水，在睡觉之前听他最喜欢的歌，或者在每天固定的时间收看某个电视节目……年龄尚小的孩子无法适应日常习惯的突然改变。

因此，除了要给第一个孩子足够的关注之外，尽量保持他以前的生活习惯很重要。你是孩子日常生活的规划者，要确保孩子每天的生活是规律有序的。比如，保持孩子规律的午休时间与晚上睡觉的时间，坚持陪他做一些睡前活动（如讲故事），带他做一些日常的户外活动（如散步或购物），确保他可以继续见到自己的朋友等。

这种对之前熟悉的生活习惯的坚持，在一个四五岁的孩子身上体现得就没那么明显了。

◆ 确保看望者是来帮忙而不是来添乱的

"当家里只有我和两个孩子时，一切都很好。"一位妈妈这样说，"但是当有人来看望我们时，或者当孩子的爸爸下班回到家时，情况就变了。大孩子难以应对这些改变，因此变得非常难以相处。"

看望者可能会给你带来快乐，也可能会成为头胎孩子发脾气的导火索。一位妈妈回忆起那段时期时说：

"我真希望当时能谢绝所有访客，只享受与孩子们在一起的时光。"

你可以提醒看望者，别忘了关注你的第一个孩子。请他们在送给小宝宝礼物的同时，也给第一个孩子带一份小礼物。即使只是一枚小小的纪念币，对头胎孩子来说也是一种安慰。

你是最容易判断头胎孩子何时会因为看望者的到来而崩溃的人。如果在看望者来你家看望期间，头胎孩子表现出烦躁不安，或者你们很难保持家庭的和睦，不要犹豫，让来看望小宝宝的亲戚朋友过几周再来，或者让他们在第一个孩子上幼儿园或上学时再来看望。

◆ 让第一个孩子帮助照顾小宝宝

可能很多朋友、亲戚、邻居，甚至一些育儿书都建议你尽量让小宝宝远离哥哥姐姐。这种流传甚广的观点认为，就像你丈夫带回来一位新妻子并希望你们和谐相处时，你对他的新妻子充满愤怒与嫉妒一样，你的第一个孩子也会对刚出生的弟弟妹妹有类似的感受。持这种观点的人会告诉你，要避免与第一个孩子谈论小宝宝，并试着尽量在远离第一个孩子的地方给小宝宝喂奶，等等。但究竟如何做到，他们却说不出所以然。

科学研究发现：让第二个孩子尽快融入哥哥姐姐的生活，

更有助于兄弟姐妹间友好关系的形成。你应该和第一个孩子谈论小宝宝的各种需求和情绪，比如，小宝宝是不是累了或饿了，哭代表什么，怎样能让他开心。你要让第一个孩子知道小宝宝是多么喜欢看到他，这对两个孩子形成良好的关系很有帮助。如你所知，第一个孩子很渴望得到关注，尤其是在他缺乏安全感的时候。试着坐下来看着他的眼睛，并和他说些什么，比如"小宝宝喜欢看到你。""我觉得他在看你，你知道他在看你吗？""当你大吵大闹的时候他是不会笑的，因为这会让他很烦躁。""听听小宝宝在说什么，他想要奶瓶了。"

妈妈安妮不停地与3岁的艾瑞克谈论正在哭的小弟弟：

"艾瑞克，你觉得小宝宝是饿了还是想要洗澡啊？我们把他翻过来怎么样？我觉得我们最好快点儿给他洗澡。你能帮我放一下洗澡水吗？"

艾瑞克注视着小弟弟，试着叫他的名字，妈妈安妮看到后开心地说：

"好极了！你和他说话让他高兴起来了。"

小宝宝最终停止了哭泣，艾瑞克因此感到很自豪。

当你问第一个孩子"宝宝哭了怎么办"时，你要准备好应对他可能会给出的一些出人意料的建议。

"把他变成木头！"

"给他些巧克力！"

"把他丢到垃圾箱。"

"把他抱回医院，再换一个新宝宝！"

这些想法均出自我们跟踪研究的孩子们。你要看到有趣的一面，不要过分担忧，第一个孩子这样说并不意味着他以后会攻击弟弟妹妹。你可以给第一个孩子讲一些关于小宝宝给你们带来哪些麻烦的笑话，以此缓解他的敌意或嫉妒情绪。"他喜欢在你身边，我觉得你可以让他高兴起来。"这样的话非常好，这会让第一个孩子相信自己是独一无二的、聪明的、幽默的、有爱心的。

当你鼓励第一个孩子帮助你照顾小宝宝时，他们通常会感到高兴与自豪。不要小看他们，他们真的可以帮你递尿布、润肤霜或奶瓶。

一位刚生了双胞胎宝宝的母亲说：

"我的第一个孩子只有18个月大，但当我手忙脚乱的时候，他真的可以帮我不少忙。"

在我们研究的一个家庭中，我观察到，当妈妈和第一个孩子佩妮说"你可以过来帮帮我吗？我真的做不好"时，26个月大的佩妮会马上过去帮忙。当佩妮帮弟弟哈利拍嗝时，哈利望着她，她露出了自豪的微笑！

　　能引起小宝宝的注意会使第一个孩子很高兴。告诉第一个孩子小宝宝喜欢看什么，以及如何把一个颜色鲜艳的小物品放在小宝宝的眼前，让他可以看到。当头胎孩子能够注意到小宝宝专注于某些物品时，就会开始意识到小宝宝喜欢什么、不喜欢什么，并且会用一种新的方式照顾小宝宝。这些珍贵的时刻是他们建立真实而友好的关系的开始。随着时间的推移，二胎宝宝会成为哥哥姐姐越来越忠实的仰慕者，这会让第一个孩子感到自豪和快乐，你也会有不同的感觉！对父母而言，没有什么比看到两个孩子快乐地注视对方更让人感到温暖的了。

◆ 做好准备应对越来越多的要求

　　你在照顾小宝宝的时候，通常是第一个孩子向你提要求最多的时候。当你抱起小宝宝准备给他喂奶或给他洗澡时，或者当你用充满爱意的眼神注视小宝宝时，第一个孩子可能会在一边抱怨或哭喊着叫你过去，或做一些明知道不可以做的事。当父母在一旁专注地照顾小宝宝时，第一个孩子会故意表现出更频繁的淘气行为，各种无理要求也会越来越多，父母与第一个孩子之间的矛盾很可能会增多。这不足为奇。第一个孩子一会儿嚷着要喝水，一会儿吵着向你要一件他自己够不到的玩具，一会儿说想上厕所，一会儿又让你帮他完成他拼不出来的拼图，一会儿说自己肚子疼，一会儿突然想穿上鞋到外面去……各种要求与小计谋似乎没完没了，但他真正想要的，其实是爸爸妈妈的关注与爱。

在这些时候，保持耐心是十分困难的。在你照顾小宝宝的时候，给第一个孩子也准备些什么吧。比如，当你准备给小宝宝喂奶时，你可以给第一个孩子准备一杯水、一本书或一支蜡笔；如果第一个孩子还处于使用便盆的阶段，那就把便盆放在你的旁边，这样一来他就可以自己大小便，不会打断你喂奶了；如果你的第一个孩子已经四五岁了，鼓励他在你身边自己玩最喜爱的游戏或玩具。许多妈妈在给小宝宝喂奶时，会让第一个孩子依偎在她身边，或者为第一个孩子读书（让他自己翻页）。你可以通过自己的耐心与努力，把给小宝宝喂奶的时光转变成你和第一个孩子亲密相处的时光。

◆ 不要放弃母乳喂养

可能有人会对你说"不要母乳喂养第二个孩子"，因为当第一个孩子看到小宝宝（这个"篡位者"）吸吮你的乳房时会感到格外受伤。不要听他们的，母乳喂养第二个孩子对第一个孩子没有不良影响。第一个孩子第一次看到小宝宝吸吮妈妈的乳房时，会感到很有趣、很好奇、很惊讶，表现出嫉妒心理的情况很少见。当你给小宝宝喂奶时不必回避第一个孩子，要表现得很自然。如果你让第一个孩子认为你和小宝宝之间有不希望让他知道的小秘密，他会感觉自己被排斥了。

一些妈妈发现，当她们给小宝宝喂奶时，如果第一个孩子很想靠近并要和妈妈一起玩，会让喂奶过程变得很困难。如果你想与小宝宝享受珍贵与私密的独处时光，那么此时第一个孩子的突然闯入就会令你很难接受。如果你准备喂奶时，第一个孩子突然闯进来，想要靠在你身上，想要亲吻、触摸你和小宝宝，想要在床上乱跳，此时你需要保持耐心。

不管第一个孩子对你给小宝宝喂奶这件事反应如何，记住，喂奶是需要时间和精力的。你将在第二个孩子出生后的一段时间持续做这件事，所以保证充分休息是很重要的。你要为母乳喂养做好准备，好好吃饭，好好睡觉。

◆ 站在第一个孩子的角度考虑问题

你要试着站在第一个孩子的角度思考问题，想想什么事情可以让他开心。当你照顾小宝宝时，如果无法和第一个孩子一起玩，要为他找一些可以分散他的注意力、能让他开心的事情做，让他保持愉快的心情。比如，学步儿或学龄前儿童喜欢玩角色扮演游戏，这对手脚忙个不停的妈妈来说是一个很好的游戏。

我的女儿18个月大时，特别喜欢玩角色扮演游戏，而此时她的双胞胎弟弟刚出生。我可以安静地给两个小家伙喂奶，同时还可以与女儿一起玩她拿来的"蛋糕"（实际上是一个木块）。我们会一起假装吃蛋糕，或者她会把她的"宝宝"（外婆送给她的一个蓝色娃娃，这个娃娃很有设计感，她很喜欢它）放在床上，我们一起给这个可爱的"宝宝"唱《摇篮曲》。

当自己手忙脚乱时，知道第一个孩子喜欢什么的妈妈总会想尽一切办法分散第一个孩子的注意力。

蒂娜的第一个孩子埃文已经20个月大了，当她给小宝宝洗澡时，她告诉埃文，他现在可以用发夹捅肥皂盒底部被堵住的孔。这正好是埃文喜欢做的，他高兴地玩起了这个游戏，足足玩了15分钟，这样一来蒂娜就可以顺利地给小宝宝洗澡了。

第一个孩子最喜欢什么、对什么最感兴趣，就让他做什么，即使他已经四五岁、五六岁了。如果你知道他现在喜欢读什么书、做什么游戏、听什么笑话，当你在照顾小宝宝时，就可以让他做这些。幸运的是，即使你现在手忙脚乱，给一个爱说话的、懂事的四五岁孩子说笑话、讲故事还是很容易的。

◆ 尽可能地寻求帮助

在第二个孩子出生后的最初几周，列出你可以找到的所有可能为你提供帮助的人的名单，即使他们的帮助只能让你多休息一会儿。研究表明，很多妈妈在第二个孩子出生后的三周之内，每天的睡眠时间不足五小时。如果第一个孩子还总是向你提各种要求、表现不佳，你就会感到筋疲力尽、压力重重。就像爱丽丝说的：

"第二个孩子刚出生的那几周，日子真的很难熬！虽然我想到了与科林（第一个孩子）之间会产生种种问题，但没有想到会这么麻烦，这真的让我筋疲力尽。"

实际一点儿的做法是，尽可能地寻求帮助，这样你才可以撑下去。

费伊很后悔在第二个孩子出生后没有让丈夫吉姆抽出时间来帮她。在她出院的第一天，吉姆上午将费伊和小宝宝从医院接回家，在家中待了几个小时后，下午四点又赶回公司去上班，把她一个人留在家里，独自面对处于学步期、活泼好动的第一个孩子和刚出生却总是醒着不爱睡觉的第二个孩子。费伊说那天她没能一个人撑到最后，下午六点半的时候她就给吉姆打电话求助了。吉姆在一小时之后回到了家，待了一会儿后又回到公司继续工作。费伊出院后与两个孩子单独相处的第一天，糟糕得令她难以忘记。如果当时可以让吉姆一直在家陪她，一切就会更加顺利。

如果你的丈夫没有时间（大多数情况是这样的），可以请亲朋好友来帮你，不管是给你精神方面的支持，还是付诸实际行动。他们可以帮你购物、照看孩子，陪你一起喝咖啡。一位母亲曾在一周之内得到邻居的两次帮助——她让这位邻居过来帮她做了两次简单的晚饭。如果你足够幸运，有亲戚住在附近，现在是时候和他们拉近关系、请他们来帮你了。

雇保姆也可以帮助你，即使只是在很短的时间里，也能让你轻松不少。一位母亲雇了一个钟点工，请她每周来三天，每次从下午五点干到下午六点，主要是在她做晚饭的时候帮她照看孩子们。她很幸运，找到了一个喜欢在下班后与孩子们玩耍的女士，她可以和孩子们一起玩耍、帮他们洗澡。对于这位母亲来说，当钟点工来帮忙的时候，她感觉简直就像在宁静祥和的天堂里做晚餐。

◆ 合理分配时间

你和你的另一半可能需要商量谁负责照看哪个孩子。在一些家庭中，爸爸与第一个孩子的关系很亲密。如果是这样，当你照看第二个孩子时，可以让爸爸主要负责照看第一个孩子。但是，如果此时第一个孩子想要你照顾他，矛盾就产生了，因为你可能想与第二个孩子单独相处，担心会错过与第二个孩子建立母子依恋关系的重要时期。在两个都需要你的孩子面前，你会很矛盾，你很可能想要同时照顾两个孩子。其实，你无须担心与第二个孩子单独相处的时间少，会影响自己和第二个孩子形成安全的依恋关系。即使在你抱着第一个孩子时，第二个孩子也可以得到安慰，并熟悉你的脸、你的行为方式及你的声音。而且，你一定能找出其他时间与第二个孩子单独相处。

如果你的第一个孩子正在上学前班或幼儿园，那么如何将你的时间分配给两个孩子的问题就不是难事了。当第一个孩子午休时，如果他可以一个人睡，你就可以去照顾第二个孩子了。如果此时第二个孩子也睡着了，你也可以休息一下。无论你如何安排，不要担心第二个孩子会因为你照顾第一个孩子而无法和你建立安全的依恋关系。这种情况是不会发生的。

最后，你要放轻松，不要担心任何人！一位有两个孩子（一个6岁、一个4岁）的妈妈说：

"当我回想第二个孩子回家后的最初几周时，我认为当时应该放轻松，我对他们过度担心了！现在看来，他们都做得很好！"

第二个孩子出生后的最初几周可能对你来说很难熬，但一切都会改变的。其中最令人高兴的是，你会发现两个孩子之间会逐渐形成一种稳固的关系。我们将在接下来的几个月里重点关注这些变化。

值得开心的事：兄弟姐妹关系的开始

回家后的最初几周，有四件事是值得你高兴的。

第一，第一个孩子对弟弟妹妹的身体攻击在这个阶段是十分少见的。尽管一些年龄大一些的哥哥姐姐会故意招惹刚出生的弟弟妹妹，如大力摇晃婴儿床把弟弟妹妹吵醒、拿走他们的奶嘴、制造一些噪声吵他们，但很少会对弟弟妹妹进行直接的身体攻击。他们的顽皮行为通常是出于对这个小生命的好奇，想看看弟弟妹妹会如何反应。

第二，大多数时候，第一个孩子的捣乱行为并不意味着他们讨厌弟弟妹妹。第一个孩子越喜欢弟弟妹妹，越想照顾他、哄逗他，就越喜欢用各种方式折腾他。

大部分第一个孩子，至少在弟弟妹妹出生的头几天，对帮忙照顾弟弟妹妹是很有兴趣的，刚满18个月的孩子就可能想帮弟弟妹妹洗澡、喂食、穿衣。下面是3岁的梅勒妮和妈妈的一段对话。

梅勒妮望着床上的小宝宝，对妈妈说："他正在大便。"

妈妈说："是啊，你可能很好奇，但你别动他的腿，否则他会不舒服的。"

梅勒妮看了一会儿，问："他排完便了吗？"

妈妈说："还没有，我们再等一等。"

梅勒妮说："好吧。"说完紧紧地盯着小宝宝并开始拉他的腿。

妈妈看到后忙说："住手，梅勒妮！别拉小宝宝的腿！"

梅勒妮用不耐烦的语气对小宝宝说："基思，你排完便了吗？"

妈妈说："他需要一点儿时间。"

梅勒妮说："基思排了一坨便……他排完便了，是吗？"

妈妈说："我也不确定。"

梅勒妮说："难道他还要再排一次便吗？"

妈妈说："他昨天就排了两次便。"

梅勒妮仔细观察尿布，过了一会儿说："基思已经排完第二次了。"

妈妈说："我去清理。谢谢你，梅勒妮，我都不知道他排完便了。但下次你要注意，不要拉基思的腿。"

第三，在这一阶段，第一个孩子的自理能力会有质的飞跃。突然之间，你会发现他们会自己穿衣服或者自己上厕所了。对第一个孩子来说，弟弟妹妹的出生并不只是干扰了他们的生活，他们的反应往往是矛盾的，既有气愤、伤心的表现，也会有更成熟的行为，还会表达出对弟弟妹妹的爱。他们有时会很沮丧，不确定父母是否仍然爱自己，但同时会对弟弟妹妹很友好。

第四，第一个孩子对弟弟妹妹的友好表现是他们之间关系的真正开始，接下来的几个月，你会看到他们的关系是怎样发展的。他们会用自己的方式与弟弟妹妹相处，这通常会令你很感动。一开始第一个孩子会对帮弟弟妹妹洗澡、换尿布这些事很有兴趣，但几周后，当他发现自己仅是你的帮手而不能独立做这些事时，就对这些不再感兴趣了。当他们发现弟弟妹妹在注视他们时，会想方设法让弟弟妹妹一直注意他们，并开始和弟弟妹妹说话。在接下来的几周、几个月里，他们的关系会进一步发展，他们的互动也变得更复杂多样。我们将在下一章重点介绍应该怎样帮助他们"对话"，这对于他们形成良好的关系至关重要。

本章总结

● 给第一个孩子更多的关注。这很重要，即使第一个孩子表现得很烦躁、很难安抚。

● 保持正常的日常生活习惯。确保每天吃饭、睡眠以及外出时间是有规律的。如果你的第一个孩子只有两三岁，你更应该这么做。

● 让看望者多关注第一个孩子。提醒他们（尽量提前提醒他们）第一个孩子需要得到关注。

● 合理安排看望者的人数和看望时间。如果看望者到来时第一个孩子表现得过度兴奋或不易相处，就让来访者过几周再来探望。

● 让第一个孩子帮忙照顾弟弟妹妹。这样做可以让第一个孩子感到自己是家中的一员，但前提是他对此感兴趣。

● 做好准备，随时满足第一个孩子的需要。尤其是当你在照顾第二个孩子时，第一个孩子往往会有很多要求。想想他喜欢什么，事前要做好准备，让第一个孩子有感兴趣的事情可做，而不再不断地对你提要求。

● 寻求一切可能的帮助。现在是时候请丈夫，孩子的爷爷奶奶、外公外婆，邻居以及朋友们来帮助你了。寻求他们的帮助，不要犹豫。

第六章

与两个孩子一起生活的第一年

几周过后，第二个孩子的出生所带来的紧张与欢乐的气氛慢慢退去。现在你需要面对的是两个孩子不同的需求，以及四口之家的各种快乐与麻烦。一般来讲，虽然随着时间的推移，生活往往会变好，但第一个孩子仍然需要特别的关爱和注意。随着小宝宝变得越来越自信、可爱，第一个孩子的嫉妒情绪会日益突显。

这一章将集中讨论第二个孩子出生后的第一年可能出现的问题，以及你应如何处理这些问题。

平衡两个孩子的需求

第二个孩子的各种需求，如时不时得到妈妈的关注，睡前需要由妈妈抱着才能入睡，等等，都给家庭的日常安排增加了不确定性。但是，2～4岁的孩子需要熟悉的、相对固定的日常生活安排。第二个孩子的到来会打乱你和第一个孩子的时间安排，使第一个孩子感到沮丧。在第一个孩子刚刚获得你的注意、准备让你坐下来和他玩游戏的时候，如果第二个孩子突然哭醒了，你就必须要去哄第二个孩子，这对只有两三岁或三四岁的孩子而言是难以接受的。生活突然的变化以及不再随时都可以依赖的父母让第一个孩子倍感压力。

平衡两个孩子的需求是一件很有挑战性的事情，妈妈们如何做到呢？这里有五条建议。

要保证每个孩子都有充足的睡眠时间，并形成自己的睡眠规律，不要让孩子太疲惫。

尽可能多地和第一个孩子相处。

制订时间安排表，因为相对固定的作息时间对每个人都有帮助，包括保姆、爷爷奶奶、姥姥姥爷等。

想办法让自己有机会能充分休息，以恢复精力。

与其他家里有两个孩子的家长聊天，看看能不能从他们的经验中学到什么。

◆ 让每个孩子都有充足的睡眠时间

"最糟糕的是特洛伊总是不肯睡觉，哄他睡觉已经成为我的噩梦。我很累，因为他在晚上还经常会醒，每天晚上我都和打仗似的。他午睡也不让我省心。"

——凯里，3岁的特洛伊的妈妈

无论你的第一个孩子几岁，坚持让他有稳定的、规律的睡眠是很有必要的。"吃晚饭—洗澡—讲睡前故事"的经典安排适用于大多数孩子。尽量不要让第一个孩子在睡前过度疲劳或兴奋，否则他将很难入睡。即使他一整天都很活跃，看起来并不需要睡觉，你也要坚持让他在固定的时间睡觉。处于学步期的孩子，还要有固定的午睡时间。即使你的孩子在午睡时间不睡觉，也要有固定的20分钟的时间看书，就像在幼儿园里那样，这样会让他下午情绪更平和。你可以和孩子一起躺下准备午睡（除非他是一个精力特别充沛的孩子，让你也没法休息），告诉他你会和他一起看书，然后都闭上眼睛睡觉；或者试着让他换个地方午睡，比如让他在沙发上睡，并给他铺一个特别的床单；也可以建立一个特别的午睡规则，比如当他躺在自己的小床上的时候，给他放一段讲故事的录音，或者和他一起听一段音乐。

如果他无论如何都不愿意睡午觉，你可以观察他下午的表现。如果他一直很快乐，精力很充沛，那么他可能确实不需要午睡，你可以让他安静地看会儿书，或者做点儿其他他喜欢做的事，但不能影响他人午睡。晚上让他早点儿睡觉。

◆ 如果第一个孩子夜间频繁醒来

如果你的第一个孩子在弟弟妹妹出生以后开始出现睡眠问题，这个问题大多会持续6~8个月。当然也有例外，有的孩子会在一年多的时间里一直有在夜间频繁醒来的问题。如果第一个孩子总是规律地在夜里醒来，很可能是因为你在他半夜醒来时总哄他，从而使他形成了这种睡眠模式，有时甚至需要和他玩几个小时才能使他再次入睡。如果是这种情况，建议试一下一些婴幼儿睡眠书中提到的"让他哭5分钟"的策略，这是非常有效的一种方法。

这个方法的基本原则是，当孩子在夜间醒来时，家长要减少和孩子的接触，让他学会自己再次入睡。首先，当他夜里醒来哭的时候，你可以用语言安慰他，使他安心，也可以轻轻地拍他，但是不要把他抱起来，更不要把他抱到你的房间。然后，你就离开房间，即使他还没有睡着，即使他又哭了起来。《法伯睡眠宝典》（Solve Your Child's Sleep Problems）的作者建议，父母可以在孩子房间的门外待15分钟左右，然后，如果有必要的话，进去看一下，但是仍然不要把孩子抱起来。如果你不忍心听他哭，可以5分钟后就进去，但是有一点很关键：第二天晚上当他醒来哭的时候，让他哭更长的时间再进去。当孩子知道哭不能让你抱他或和他玩的时候，几个夜晚后，他就会开始自己解决问题，半夜醒来就会自己再次入睡。

你越坚定（当然这很难），孩子学会半夜醒来后自己再次入睡的速度就会越快。这个方法对大多数孩子来说都是有效的。当他不再半夜醒来的时候，你就会很庆幸自己当初的选择。

◆ 与第一个孩子共处的时间

毋庸置疑，第二个孩子出生后，第一个孩子的生活不可能和原来一样，父母对第一个孩子的关注也会有变化。许多孩子会变得越来越喜怒无常、难以安抚。要解决这个问题，不妨尝试一下当你和第一个孩子在一起的时候，尽量不受外界干扰，全身心地投入，与他在一起。

以下是一位妈妈的做法：

"我让我的两个孩子和我一起在厨房待着。我把小宝宝的摇篮和大宝宝的座椅放在身边，这样当小宝宝哭的时候，我就不用不停地跑向他的卧室，而把大宝宝一个人留在厨房或拉着大宝宝一起跑到小宝宝的卧室了。"

这是一个很好的方法。还有一个方法是，当你在和第一个孩子玩的时候，可以背着小宝宝或抱着小宝宝。值得注意的是，即使第一个孩子已经4岁了，他也可能会嫉妒小宝宝拥有让你背着或抱着的特权。

你也可以尝试其他与第一个孩子共处的方法。如果你能找到保姆帮你暂时照顾小宝宝，你可以带第一个孩子出去吃一顿快餐（爸爸可能也想一起去）；或者，如果你可以带第一个孩子去一个他特别想去的地方，此时就暂时将小宝宝放在邻居家或留给奶奶照看；如果可以，去幼儿园或学校接第一个孩子放学；你还可以去图书馆为他挑几本书，但不要带小宝宝去。

◆ 让第二个孩子养成规律的生活作息

我的第一个孩子出生后，我按照他的需要喂养他。但是又生了双胞胎后，我发现我需要给他们制订一个规律的喂养时间表。

许多家长发现，第二个孩子在出生几周之后就能够很好地适应喂养时间表。如果孩子吃奶之后一小时左右醒来，可能不是因为饿了，你可以试着通过分散他的注意力让他等一会儿再吃奶，或者让第一个孩子和他"说话"、朝他做鬼脸，以延迟他吃奶的时间。当然，有的孩子要比其他孩子更容易适应规律的喂养和睡眠安排。如果你的第二个孩子脾气随和，你会发现他在出生后大约六周内就可以接受规律的喂养。如果他无法适应规律的喂养，你或许要在接下来的几个月内暂时放弃这个计划。

孩子每天的生活安排应该是规律的、稳定的，这无论是对孩子还是对照顾他的大人来说，都是有帮助的。孩子一天睡眠时间的安排对于规律的生活很关键，无论如何你都要制订一个适合大人和孩子的生活时间表，并遵守它。

◆ 你自己的时间

虽然孩子很可爱，但你也需要暂时离开孩子放松一下，参加一些娱乐活动，这是很重要的。对于职场妈妈来说，这尤其困难，因为你经常觉得工作之外的每一分钟都应该花在孩子身上。但实际上，为你自己腾出一些时间可以帮助你保持愉快的心情，让你和孩子在一起的时候会更加快乐。

当然，每一个人都会找到让自己放松的独特方式。这里列出一些建议，仅供参考。

每周上一次健身课，上课时把孩子留给家里其他人或朋友看管。

每两周到理发店打理一次头发，或做一次美甲或美容。

锻炼身体，选一种你喜欢的运动，坚持下去。

独自去购物。

◆ 向有经验的家长寻求帮助

你可以向同样有小宝宝的朋友倾诉你的辛苦，你能找到被理解的感觉，同时发现生活虽然辛苦，但充满乐趣，未来的生活是充满希望的。加入一个与你的情况相似的妈妈群体是个不错的选择。有一个妈妈，刚刚搬到一个小镇，就在当地的社区创建了一个学步儿妈妈群。"这拯救了我的生活。"她发自肺腑地说。

◆ 让一切井井有条

你曾经历过混乱得难以应付的日子吗？有的妈妈每次出门购物都要打扮好两个孩子，带两个孩子一起去，而且还要在商店看好他们，但她感到很高兴；而有的妈妈觉得，每天早晨挣扎起来，急匆匆地送孩子们去学校和幼儿园，然后再去上班，就已经很痛苦了。

当你遇到麻烦的时候，应该想一想怎样控制这种混乱的局面。例如，如果你觉得带他们一起去购物很麻烦，那就改变一下做法，如在上班或下班的路上，或者在将第一个孩子送到学校或幼儿园之后，快速地去商店购物；或者让你的丈夫每天下班之前给你打电话，问问你是否有什么东西需要他买。

如果你以前不是一个做事井井有条的人，那么现在是时候开始学习如何井井有条地做事了（这是当妈妈的必备品质）。你要习惯列清单。周末的时候，你的丈夫可以照看孩子，而你可以趁机多做一些计划。

提前做计划可以让你每天清晨从容许多。在前一晚就做好计划，将早晨必须要做的事情减至最少，尽可能在前一天晚上做好一切准备。列清单是很有效的方法。有的家长甚至会在每个周日的晚上为下一周做计划，例如哪天去看医生、哪天去聚餐、孩子哪天参加学校郊游等。你可能会觉得这太麻烦了，但对于其他要帮你照顾孩子的人来说是很有用的，比如，如果下周三你需要别人帮忙的话，你可以提前提醒他要做什么。

◆ 带孩子走出家门

尤其对全职妈妈来说，带两个孩子一起出去玩比一整天都待在家里更快乐。

阿什莉是两个孩子的妈妈，女儿凯3岁了，儿子兰迪6个月。阿什莉说：

"即使在很郁闷的时候，带他们出去散步也可以让我暂时放松下来，而且他们也很喜欢和我散步。散步时我带条背带或带辆婴儿车，就可以带兰迪一起散步了。兰迪经常在路上就睡着了。"

当然，事情并不总是如此简单，即使你的住处周围很适合散步。如果你抱着小宝宝散步，你需要有强壮的胳膊；如果用婴儿车推着孩子散步，你应该做好思想准备，两个孩子都坐在里面的时候并不好推，有时你还要接受路人投来的奇怪的目光。

即使是相对简单的旅行，但由于你有两个孩子，也会是一场非同寻常的旅行。有一位妈妈说，为了带两个孩子去海边玩而收拾行装的过程，就像要带孩子去外太空一样麻烦。而且，即使做好一切准备，孩子到达目的地后，还可能会不舒服。但不管有多累，提前做好准备对成功的旅行来说还是非常重要的。记得打包好换洗的衣服及孩子常用的物品和食品，如尿不湿、纸巾等卫生用品，喝的果汁等，还要为你的第一个孩子准备一个特别的玩具或安抚物。如果你们需要长途坐车，可以在随身携带的电子产品中下载一些孩子喜欢的歌曲或故事；如果可能，将他的玩具系在座椅上，以保证他随时能拿到玩具。有一个爸爸为他的两个孩子准备了特别的旅行包裹，其中包括孩子们在旅行中可能会用到的一些东西。此外，你还要确保孩子们饿的时候有东西可以吃，尽力维持他们规律的作息时间。如果你的孩子不睡午觉就无法保持充沛的精力，一定要让他午睡。必要时，你可以让他在婴儿车或汽车里睡。

第一个孩子的变化

当第二个孩子长到3～4个月大的时候，你可能会注意到第一个孩子的改变，其中有些改变是好的，有些改变是不太好的。

◆ 嫉妒的新表现

在第二个孩子长到3～4个月大，长成了一个可爱的、能回应他人的宝宝时，第一个孩子大多会有一些新的嫉妒的表现。很明显，父母和祖父母都特别喜欢快乐的、总是笑眯眯的、咿呀学语的小家伙。之前，第一个孩子能够容忍，甚至对小宝宝的到来感到很高兴，但突然之间，小宝宝变成了自己的竞争对手。这一阶段，你经常会听到第一个孩子说"我不喜欢他"。小宝宝可能会被他频繁地捏来捏去，或者因为被他抱得太紧而感到不舒服。处于学龄前期的孩子有时会很坦白地承认，当把小宝宝惹哭的时候，他们会感到很高兴。

凯利是3岁的莎伦的妈妈，她听到从小宝宝的房间里传来了哭声，于是飞快地冲了进去，发现莎伦正在往小宝宝的嘴里塞毯子。凯利抱起小宝宝，生气地朝着莎伦喊道：

"你为什么要这样做？"

"因为伤害他很有趣！"莎伦回答道。

如果你的第一个孩子已经到了能够表达自己感受的年龄，及时与他进行交谈是很有帮助的。

薇拉发现，当她6岁大的儿子本"欺负"4个月大的妹妹的时候，与本一起谈论这件事情是很有效的。她说：

"当我发现本有嫉妒情绪的时候，我会和他谈论这件事。在一次令人不愉快的事情发生后，我想出了一个很好的主意，我问他：'你是因为爸爸妈妈把精力都放在妹妹身上而感到不高兴吗？'他点了点头，当我问及原因的时候，他说'因为没有人爱我了'。这个回答毫无疑问地伤透了我的心，我向他保证，我们会比以前更爱他。我想，他能够明确地表达自己的感受是非常重要的。很显然，第一个孩子对爱和安慰的需要从来就不会停止。"

◆ 担心、害怕和仪式行为

第二个孩子出生几个月后，第一个孩子会通过各种方式寻求你的注意，想反复确认你是一直爱他的，而其中有些行为可能会让你觉得很奇怪甚至不正常。你或许最初不会把他的这些行为与小宝宝的出现联系起来，例如，第一个孩子会表现出更严重的偏执、焦虑以及恐惧，如面对东西坏了或丢失，或宠物死去，他会表现出超乎寻常的恐惧，这经常会在第二个孩子出生后的第一年普遍出现，5岁以下的孩子尤其容易出现这种情况。

彻丽注意到她3岁的儿子韦恩越来越焦虑，她说：

"他特别害怕失去某些东西，也害怕我会受到伤害或遇到危险。如果我或者他爸爸做了他认为危险的事情，他会向爸爸告我的状，或向我告他爸爸的状。"

在第二个孩子出生后的第一年，大约有三分之一的头胎孩子会表现出恐惧和焦虑水平显著增加。研究发现，即使没有弟弟妹妹的3～4岁的孩子，也会经常出现焦虑情绪，所以这在某种程度上也说明了这种情绪是与年龄相关的。但值得注意的是，对于刚刚有弟弟妹妹的孩子来说，年龄似乎不是引起恐惧情绪的主要因素。这种情绪是当孩子意识到这个新来的小家伙将永远成为家庭中的一员之后不安全感增加的表现。有的3岁孩子看到路上有猫就不敢往前走，有的孩子害怕洗澡水，有的孩子怕黑，还有的孩子害怕吸尘器的噪声。冷静地对待孩子的每一种恐惧并安慰他，尊重他的愿望，如果可能，帮他避开会使他害怕的情境。你可以通过使他逐步暴露在令他恐惧的情境中，帮助他慢慢地克服恐惧。

例如，如果你的2岁孩子突然害怕洗澡，暂时先不要给他洗澡。你可以先用海绵给他擦拭身体，然后逐渐再开始给他洗澡。一开始，先在浴缸里放一两厘米高的水；当他对这些水量感到很舒服的时候，再往浴缸里加1倍的水，慢慢让他可以接受洗澡。如果在快洗完澡的时候，你担心排空浴缸时流水的声音会吓到孩子，在排水之前就把他从水中抱出来，再排空浴缸。当他对进浴室表现得更加平静的时候，你可以向他展示少量的水从浴缸中排出的情境，然后逐渐地增加排出的水量。

在这一阶段，第一个孩子的依赖行为也会明显增多。比如，他会开始坚持要父母给他穿衣服，或带他去厕所，或喂他吃饭。他对睡前仪式和饭前仪式的要求可能会增加，可能会要求你将他的食物放到一个特殊的盘子里，每一位家庭成员必须用各自固定的餐具垫，并且在他吃饭之前，你必须把食物吹三下；他可能会拒绝睡觉，除非你或者爸爸亲吻他所有的玩具，然后在婴儿床的栏杆之间亲吻他，最后将卧室的门开个缝，以便外面的灯光可以照进他的房间。如果你不想让这些仪式持续太长或更加烦琐，就为这些仪式建立一个清晰的顺序，并坚持下去。

并不是所有的孩子都有这些担忧和不安的表现，情绪紧张的孩子更可能变得情绪化和焦虑；因为弟弟妹妹的到来而封闭自己、不与外人交往的孩子也可能出现焦虑情绪，他们会长时间地吮吸手指或抓住安抚物不放。

如果你的第一个孩子表现出上面这些行为，你要努力向他证明你仍然爱他，经常陪他一起玩，给他额外的关爱和关注。你要不仅在第二个孩子刚出生的时候这样做，还要在接下来的一年或更长的时间一直这样做。

◆ 如厕练习出现问题

你带着小宝宝回家后，第一个孩子突然出现的问题，如如厕训练的问题和过多的需求，的确是对家长的耐心的考验。但我向你保证，第二个孩子出生6个月后，大多数家庭的这些问题都会减少。

如果你正在面临这些问题，那么你需要对第一个孩子进行耐心的安慰，而不是惩罚。如果第一个孩子没日没夜地尿裤子、尿床，你应暂时降低对他好好如厕的期望。当他重新可以控制排尿的时候，你要给他足够的表扬。在如厕方面出现问题是孩子缺乏安全感的表现，所以你越是能够让他保持以前的习惯，并给予他大量的关注，你们越是能更快地回归快乐的生活。即使没有你的干预，时间也会帮孩子解决这些问题。

一位妈妈说：

"我们什么方法都试过了！我们给了她更多的关注，也会训斥她或用取消她的某种权利的方法惩罚，可是所有这些都不管用，没有丝毫帮助。最后，随着她慢慢长大，这些问题就逐渐消失了。"

◆ 攻击行为

妈妈安娜这样描述她的2岁女儿尼科尔：

"尼科尔从小弟弟回家的第一天就不喜欢他！从第四周开始，尼科尔就开始欺负他了。她会非常用力地抱他，直到他哭；她还会戳他、捏他；当他躺在婴儿床上的时候，她会把玩具往他身上堆；小弟弟哭的时候她还会打他。"

安娜很沮丧。她猜测可能在第二个孩子出生之前，尼科尔就有问题了。尼科尔试图伤害小弟弟的行为让安娜感到十分不安。

如果你的孩子处于学步期且出现了和尼科尔一样的行为，你应该怎样做才能保护小宝宝，并让第一个孩子停止攻击行为呢？

首先，永远不要让两个孩子离开你的视线而单独在一起，一分钟也不行。确保第一个孩子无法独自进入小宝宝睡觉的房间。

其次，观察该行为引发的原因。以尼科尔为例，当她和妈妈、小弟弟在一起，而没有其他人分散她的注意力的时候，或当妈妈的注意力完全被小弟弟占据的时候，尼科尔是最有可能出现攻击行为的。尼科尔是一个聪明但容易烦躁的孩子，安娜认为是嫉妒、不安、烦躁的复杂情绪导致了尼科尔的攻击行为。从短期来看，找到能够在给小宝宝喂奶和洗澡时吸引尼科尔注意力的事情是很有效的。安娜说：

"我们采取了很多预防措施。当我和小宝宝在一起的时候，会试图安排一些事情让尼科尔离开。当她爸爸在的时候，我会让爸爸陪她，因为当尼科尔有爸爸陪的时候会感到更快乐。"

如果你采取了防范措施，但孩子还是有攻击行为，这里有一些处理方法。

1）制订严格的禁止打人的规则

当第一个孩子违反这个规则的时候，你必须马上做出反应，让他明确地知道你不允许他违反打人的规则。你可以让他到另一个房间，并非常坚定地告诉他，不准打小宝宝，也不准伤害小宝宝，打小宝宝是不对的，家里没有人可以打人。你要表现得很严肃，但是要保持冷静。只有大人做出一致而坚定的反应，孩子的攻击行为才会减少。同时，还要规定如果他把玩具当作武器来打小宝宝，那么这个玩具就会被没收。

对于学步期的孩子来说，做出攻击行为通常是为了得到你的关注。因此，如果你的回应是"我明白你为什么不开心了，所以我现在要陪你玩"，这样其实是支持了孩子的攻击行为，从而导致孩子的攻击行为再次发生。当然，你可以用更多的关爱和安抚回应第一个孩子的需求，但是要过一会儿再回应，不要在他欺负了小宝宝之后立即坐下来跟他一起玩。

2）控制你的愤怒和内疚情绪

当你看到第一个孩子欺负小宝宝时，可能会感觉自己就像一只保护幼崽的母狼，被激怒了；或许你也会感到内疚，因为第一个孩子是由于地位被取代才产生了嫉妒和悲伤情绪，才会打小宝宝。你可能会对这两种情绪的强大力量感到惊讶，但是通过生气或心烦表达这些情绪，或者立刻给予第一个孩子过度的关注，都不会使第一个孩子和小宝宝平静下来。所以，不要总是冲你的第一个孩子吼，要坚定、冷静地告诉他不能打人的规则。

对学步儿适用的原则也同样适用于年龄更大一点儿的孩子，比如将两个孩子隔开，找到麻烦的根源，并制订不能打人的规则。对于处于学龄前期甚至更大一些的孩子，你可以更详细地解释规则：

"任何时候，如果你感到不高兴，你要告诉我。把你的感受表达出来是很好的，但是在家里，不允许有打人和伤害他人的行为发生。"

如果他还是打了小宝宝，你可以让他待在另一个房间，或者让他独处一段时间。如果他继续打人，就取消他的一项特权（比如看电视、去商场购物等）。记住，不要说了取消他的特权而又不去执行。否则，他很快就会觉察到你并不会按照说过的去做，那就起不到规范他的行为的作用了。如果第一个孩子打、踢或戳小宝宝，你要毫不犹豫地采取行动。

一位顺利地将四个年龄相近的孩子抚养长大的妈妈说：

"如果小宝宝被哥哥姐姐伤害或被吓着了，我会毫不犹豫地阻止，就像我看到处于学步期的孩子走到繁忙的街道上时，我会立即阻止一样。"

尽管你对孩子攻击行为的立即回应会使这种行为减少，但是，如果你想让孩子永远不再有攻击行为，就必须重视行为背后的原因。如果你的第一个孩子由于担心你不再爱他、关注他而表现出攻击行为，那么你生他的气也无济于事。毕竟你是大人，而他只是孩子。你比他更容易找到解决问题的方法。考虑一下他的感受，了解他的特殊需求和愿望，找到令他安心和高兴的方法。

与能表达自己观点的孩子在一起的好处是，你可以很容易地和他沟通。和你的第一个孩子开诚布公地谈一谈可能是很有效的方法。试着问他为什么这样做，对他说：

"我想，或许当我喂强尼的时候，你并不开心。当你有这种感受的时候请告诉我，我们可以一起做点儿事情……给我一个温暖的拥抱吧！"

和第一个孩子一起谈论他对小宝宝的不满，可以为第一个孩子提供一个很好的释放自己的机会。3岁的吉莉的爸爸罗恩说：

"吉莉以前经常说，她的愿望是让小宝宝消失。那段日子真的很难熬，但是我们现在已经能够一起拿这件事情开玩笑了，日子也比以前更轻松了。"

试着引导你的第一个孩子往积极乐观的方面想，例如，告诉他你知道他想说什么，这也会让你的第一个孩子感觉到被理解和被重视。

◆ 与父母关系的变化

许多家长发现第一个孩子在弟弟妹妹出生后的头几个月会对父母表达更多的爱,尤其是对爸爸。这种新情感的出现,并非取决于孩子的年龄,而主要取决于孩子的个性。情感丰富的孩子,更容易产生这种感情。如果你有一个这样的孩子,你应该享受他的情感表达,不要拒绝他。

"我要爸爸做!"
"这是我的爸爸!"

第一个孩子经常在弟弟妹妹出生之后对父亲有更多的依恋。当爸爸回家的时候,他们会对爸爸表现出更多的爱、喜欢和兴奋。很多爸爸发现,随着孩子慢慢长大,跟孩子相处会变得更容易。

汤米的爸爸巴里说:

"我感觉我和汤米越来越亲近了。我不知道有多少与他长大了有关,有多少与小宝宝占用了他妈妈的时间有关,但我确实发现我和他一起做了越来越多的事情,这简直太棒了!"

这种特别的关系也意味着当爸爸在和"篡位者"(小宝宝)一起玩的时候,第一个孩子通常会特别生气,他可能会一直盯着爸爸和小宝宝。那种在小宝宝出生后的前两周,第一个孩子曾有的沮丧情绪又会重新出现。同时，他对爸爸会比对妈妈更顺从。

巴里的妻子科拉所说：

"汤米只听爸爸的话，我说什么他都不听。"

当他做错事时，比起妈妈生气，爸爸生气会更容易引起他的不安。

对很多第一个孩子来说，和爸爸之间牢固而温暖的关系，是他们强大的精神支持，可以帮助他们克服因弟弟妹妹出生后的生活改变而引起的内心的恐惧。你可以让你的第一个孩子多和爸爸接触，比如，让爸爸给他讲睡前故事、给他洗澡，或让爸爸单独陪他去公园。

重返职场

第二个孩子出生后，重返工作岗位对妈妈和第一个孩子来说都很有压力。正如阿莉·霍克希尔德在《第二次转变》（The Second Shift）中所说，对于有工作的父母来说，第一个孩子已经大量消耗了夫妻俩的精力，而第二个孩子的出生则进一步引发了危机。她强调了在第二个孩子出生一年左右可能引发危机的原因：妈妈筋疲力尽，第一个孩子的反应和夫妻分配任务的压力。

◆ 有经验的妈妈提供的建议

既要照顾两个孩子，又要为了维持生计而工作，这让很多妈妈难以承受，尤其是在睡眠不足的情况下。

薇拉惊讶地发现，她在第二个孩子出生后回去工作，比生完第一个孩子之后回去工作更困难。她说：

"有两个孩子之后回去工作比我想象得更困难。我的第一个孩子本已经6岁了，但还是非常需要得到关注，我不能不管他。现在有了第二个孩子，我发现我不是在关注本就是在关注小宝宝，所以基本上我从早晨6点到晚上9点就没有放松过，这让我很崩溃。但幸运的是，我的老公会帮忙，保姆会负责打扫卫生和洗衣服。"

薇拉还说，当她发现有一天自己居然不小心用丈夫的剃须膏洗头时，她才意识到自己因为劳累而精神恍惚了。

在第二个孩子到来之后的几个月里，很多职场妈妈都会面临类似的问题。有经验的妈妈为正在苦恼的妈妈提供了如下建议：

1）减少工作时间

如果可以，兼职是最理想的解决方案。然而，有些情况下，全职工作提供的收入才能满足家庭的需要，而且兼职工作对有的妈妈来说，可能会带来挫败感，伤害了她们的自尊。阿莉·霍克希尔德在书中引用了一个因工作时间减少而产生挫败感的妈妈的话，她会经常说："我长胖了。""我现在只是一个家庭主妇！"在超市购物的时候，她特别想大喊："我是工商管理硕士！我是工商管理硕士！"有的妈妈则认为，工作是释放家庭生活带来的紧张情绪的方式，减少工作时间会令她们更不开心。孩子们会觉察到妈妈的不良情绪，如果处理不当，对整个家庭都没有好处。

2）减少家务

不管有没有工作，大多数妈妈会减少自己的家务量。有些妈妈称这样做还不太习惯，而有的妈妈则表示很喜欢这种不用做很多家务的感觉。

3）有些事不必亲力亲为

例如，不必每天晚上亲自给孩子洗澡。但是，你不能减少对孩子情感方面的关注和对孩子的陪伴，尤其是当他们正处在特别脆弱的阶段的时候。

4）寻求更多的帮助

如果可行，这无疑是一个好主意。你以可考虑雇一位保姆帮你做一些家务。当然，你的丈夫也必须帮忙。

爸爸和妈妈的任务分配是一个非常大的难题，他们可能要权衡自己适合做什么事情以及他们与孩子的关系。在这里，我要特别强调一下公平的重要性，夫妻双方应该共同分担家里的事情。

◆ 第一个孩子的反应

接下来是第一个孩子的问题。家长在回到工作岗位之后，通常会发现第一个孩子出现了问题行为或嫉妒情绪。

薇拉当然也发现了本对她回去工作的反应。

"虽然本对我说他已经6岁了，并不介意我回去工作，但我认为他是介意的。当我回到家的时候，他不能适应我的注意力有一部分会放在小宝宝身上。在我开始工作后的第一个月，我下午6点会准时回家照顾孩子。当我要照顾小宝宝时，本就会拿一本书让我给他读。幸运的是，给他读书和照看小宝宝都是我能够胜任的事情。"

以下这些策略可以帮助你解决重返职场后最初几个月第一个孩子可能出现的问题行为。

在一些关键时间点应该和第一个孩子在一起，比如吃早饭、吃晚饭、洗澡、睡前游戏等。很多职场妈妈会很晚才让孩子睡觉，而鼓励孩子白天多睡觉，这样她们就可以有更多的时间陪伴孩子。对处于学步期的孩子来说，这意味着在他们醒着的大部分时间里，你都陪在他身边。

试着了解一天里发生了哪些对孩子来讲很重要的事情。如果可以，上班时你可以往家里打电话。对于有工作的家长（尤其是孩子处于学步期的家长）来讲，真正的问题是，如果你不了解孩子一天里发生的事情，就会和孩子的生活脱节。这样，当你们在一起的时候，你会更难让他高兴起来，也很难管住他。显然，如果你的第一个孩子年龄大一些，你可以直接问他一天中都发生了什么；如果孩子年龄太小，你可以问看护者，也可以问幼儿园的老师，孩子一天都做了什么、玩了什么新游戏、交了哪些新朋友。

早晨上班前，把精力集中到孩子身上，而不要提前担心当天的工作。晚上的时候，享受和孩子在一起的时光。当你重返职场后，要充分利用年假等假期，只有你快乐了，全家人才会快乐。

对于想雇保姆的家长来说，选择一个对孩子有同理心，并且在处理两个孩子的争吵和冲突上与你的观点一致的人，是至关重要的。有的保姆会更偏爱小宝宝，并且在对待第一个孩子时明显地表现出来。当你面试保姆的人选时，一定要记住这一点。如果你已经有保姆了，那么你要和她谈论这些问题，让她知道在处理第一个孩子的问题行为以及处理两个孩子之间的复杂关系方面，你的观点和态度是怎样的。

当第二个孩子到了学步期

当第二个孩子变得活跃、好动、开始有主见的时候，家里通常会发生一些变化，而且非常明显。之前你可以很放心地把第二个孩子放在够不到哥哥姐姐喜欢的玩具和精心搭建的积木的地方，而现在第二个孩子最喜欢玩的游戏就是到处捣乱。另一方面，他变得越来越可爱，并且具备了一系列获得成人注意和喜欢的技能。因此，兄弟姐妹之间潜在的麻烦就出现了。你将不断地被叫来处理他们之间的冲突，而不仅仅是解决第一个孩子的烦恼了。对很多家长来说，挑战此时才真正开始。

以下是应对来自学步儿和学龄前儿童的挑战的一些方法（第七章和第八章会讲如何应对两个孩子之间的冲突和竞争）。

◆ 让"入侵者"离开

当第二个孩子变得好动并开始破坏哥哥姐姐的玩具或给正做游戏的哥哥姐姐捣乱时，一定要让第一个孩子知道你会制止小宝宝的行为。让他坚信你会这么处理，这样可以避免他直接采取行动而可能带来的可怕后果。

◆ 第二个孩子也要遵守不打人的规则

随着第二个孩子变得越来越活泼好动，一定要让他遵守不准打人和不准拿玩具当武器的规则。即使小宝宝的打人行为只是偶尔才会发生的，你也要把他用来打人的玩具拿走，并告诉他不准打人。让第一个孩子看到你将规则也公平地应用到弟弟妹妹的身上是非常重要的。当然，你也不准打人，你是他们身边最具影响力的榜样。

◆ 对第一个孩子的生气表示理解

如果第一个孩子的物品或玩具被弟弟妹妹破坏了，你要让他明白，你理解对他来说弟弟妹妹有多么讨厌。和第一个孩子说"你妹妹真讨厌！"或"我看到了她是怎么惹麻烦的，虽然她并不是有意地。我们给她找别的东西玩吧！"等类似的话是很有效的。如果第一个孩子直接抢走了弟弟妹妹手里的本属于自己的玩具，那就让他给弟弟妹妹找另外一个东西代替那个玩具。

◆ 不要总是偏心第二个孩子

避免表现出太多对更小的、更"无助"的孩子的同情，尽管你很容易这样做。

◆ 要给第一个孩子不受打扰的个人空间

确保第一个孩子有一个能够安静地玩耍、不受弟弟妹妹打扰的空间。当他有朋友来家里玩的时候，也要确保他们玩耍时不会受到弟弟妹妹的打扰。有一位妈妈给她的第一个孩子找了一个"秘密基地"——她用桌布在客厅的角落里搭建了一个"帐篷"，还有一位妈妈在厨房的桌子下面做了一个"小房间"。

一天的计划

随着第二个孩子逐渐长大，安排好一天的生活很重要。例如，你要面临如何安排两个孩子洗澡、吃饭、外出的问题；你要解决家里的安全隐患，例如防止第二个孩子发现哥哥姐姐做手工用的剪刀和锋利的玩具，你也要知道如何哄两个欢蹦乱跳的小家伙睡觉。应对这些问题的关键是，你要有常识、有耐心、保持幽默感，同时也要看你个人的习惯。下面是有些家庭认为很有效的方法。

◆ 洗澡

两个年龄相近的孩子一起洗澡虽然很有趣，但对你来说这可能很麻烦，因为你要保证滑溜溜的小宝宝不会滑到浴缸下面，还要应对大吼大叫的第一个孩子想要独占所有的玩具和空间。等两个小家伙洗完澡浑身湿淋淋的，你还要给他们擦干、穿衣服。所以，你最好在不同的时间分别给他们洗澡。

如果一定要让他们一起洗澡，可以把小宝宝放在安装了婴儿专用浴床的浴缸里。这样，他们就可以安全地享受玩水的乐趣了。通常，洗澡时一起玩泼水、倒水的游戏有利于两个孩子建立友好的关系。你可以让第一个孩子向弟弟妹妹展示怎样自己洗澡，以及怎样泼水和倒水。但是，不要离开浴室让他们单独在一起，哪怕只有一分钟也不行。

给孩子们洗澡前，你要提前准备好毛巾和他们要穿的衣服。等他们洗完澡后，先把小宝宝抱出来，给他擦干身体、穿好衣服后再把大孩子抱出来。

◆ 吃饭

如果你有两个年龄相近的孩子,那么当第二个孩子开始吃固体食物的时候,你在进餐时间可能会遇到一些麻烦,尤其是第一个孩子在吃饭时仍然需要或想要得到你的注意的情况下。这时,你可以让两个孩子都坐在儿童餐椅上,你也可以准备两盘相同的食物、两把相同的勺子。如果他们都喜欢手指食物,那就太好了。你可以想办法鼓励他们吃一样的食物,这样你就不用每次都准备两份不同的食物了。当大人吃饭的时候,可以让两个孩子都坐在桌边的儿童餐椅上一起吃,他们会喜欢和大人一起吃饭的。

◆ 安全

有两个活泼好动的孩子意味着你需要确保家里的每个角落对孩子们来说都是安全的。因为你很难同时看好两个孩子,他们可能同时对不同的危险物品感兴趣,比如针线盒、医药箱、漂白剂等。另外,第二个孩子对哥哥姐姐的任何玩具和随身物品都可能感兴趣,而这些玩具和物品对他来说可能是危险的。比如,玩具的小零件可能会被第二个孩子放入口中,锋利的玩具可能会伤到他,因此你要把这些"危险品"放到第二个孩子够不到的地方。另外,第二个孩子可能通过观察哥哥姐姐而快速学会一些具有危险的技能,比如打开碗橱、拧瓶盖、用剪刀剪东西等。让你第一个孩子帮忙,把他的玩具放到第二个孩子够不到的地方。

你要小心地检查家里的每个角落,一定要将第一个孩子的危险玩具放到很高的地方，让第二个孩子绝对够不到。不过，很快第二个孩子就能学会踩着椅子够东西了，这样就几乎没有任何地方是绝对安全的，你必须要更加谨慎小心。

◆ 出行

当你的第一个孩子因为年龄太小也不能走太多路的时候，双座婴儿推车无疑是很好的选择。但你应该了解，双座婴儿推车并不总是很平稳的。前后座的婴儿推车比并排座的婴儿推车更不平稳，尤其是当一个孩子被抱出来的时候。但是，并排座的婴儿车很难调头，而且不能通过某些通道。不要在普通的婴儿推车里同时放两个孩子。不要让第一个孩子用婴儿推车推小宝宝，因为他很容易把婴儿推车弄翻。

如果你选择用婴儿推车推大孩子，而把小宝宝背在背后，你需要一个强壮的后背，才能轻松地背着他到处走！

如果照看两个孩子的压力让你难以承受，你要认真地考虑一下如何缓解这些压力。与其他和你一样"痛苦"的家长交流，可以帮你恢复对育儿的乐观态度，也能帮你学会客观地看待事实——你并不是唯一一个对养育两个孩子感到筋疲力尽的人！记住，这可能是最艰难的阶段。有一位爸爸在孩子们的床上贴了一张纸条，上面写着"这一切总会过去的！"来提醒自己一切都会好的。未来，你会因孩子们之间关系的转变而感到欣慰，相关内容我们会在下一章谈到。

本章总结

● 多交流。多和顺利度过类似阶段的朋友交流，有助于你对育儿保持乐观的态度。

● 寻求帮助。如果你能定期得到帮助就太棒了。即使你每周只能得到一小时左右他人的帮助，这也能帮你更积极地看待养育孩子这件事。

● 让自己休息一会儿。如果你的工作地点离家不远，你可以定期在下班路上找机会让自己休息一会儿，如喝杯咖啡，享受一会儿远离孩子的时光，当作给自己的一个小福利。

● 出门走走。不管是不是与孩子们一起，出门走一走、散散心是很好的选择。

● 保持规律的生活作息。这对每个人来说都是有利的。

● 继续给予第一个孩子很多关注。尤其是在他最沉默的时候，因为这时常常正是他最需要你的时候。

● 保持幽默感。

第七章

兄弟姐妹关系的发展

你会发现，在第二个孩子出生后的3～4个月的时间里，两个孩子之间的关系会发生很大的改变。随着第二个孩子对哥哥姐姐的回应越来越多，两个孩子会开始一起玩耍，第一个孩子会对弟弟妹妹越来越友好、越来越感兴趣，兄弟姐妹间会形成他们自己独特的互动方式。第一个孩子往往会发现弟弟或妹妹是一个很好的追随者，因为弟弟妹妹总会因为他的陪伴而高兴，也很容易被他逗开心；另一方面，随着兄弟姐妹的关系变得更加亲近和复杂，他们之间的冲突也会增加。第一个孩子对快速成长起来的弟弟妹妹充满了矛盾的情感，他们会以不同的方式表达这种复杂的情感。比如，有时他们喜欢抱弟弟妹妹，但有时他们会用力地压弟弟妹妹，把弟弟妹妹惹哭；有时他们喜欢给弟弟妹妹挠痒痒，但有时他们也会捏弟弟妹妹。此外，语言攻击也是很常见的。

妈妈对兄弟姐妹关系的影响

妈妈如何对待两个孩子与兄弟姐妹间如何对待彼此有密切的联系。来自剑桥大学的一项研究显示，如果在第二个孩子出生前，长女和妈妈的关系很亲密，那么在第二个孩子出生后，长女会对弟弟妹妹表现出更多的负面情绪；而且，在第二个孩子出生一年后，也会对姐姐充满敌意。即使妈妈很关注第二个孩子，妈妈与第一个孩子的关系仍与孩子们对彼此的敌意存在一定关系。此外，妈妈和第二个孩子的关系也很重要。这项研究结果还表明，在一些家庭中，如果妈妈在第二个孩子出生后的8个月内，对他表现出强烈的喜爱，那么之后的6个月里，两个孩子会对彼此表现出强烈的敌意。如果长女与妈妈的关系相对不那么亲密，那么长女和弟弟妹妹的关系往往会更亲密、友好。研究发现，在一些家庭中，如果妈妈在第二个孩子出生后变得情绪低落，并且与第一个孩子的感情渐渐疏离，两个孩子之间通常会形成一种亲密、友好的关系。

为什么只有长女与妈妈的关系对兄弟姐妹的关系产生影响呢？一方面，这可能只是小样本的研究，被试量太小，不足以得出推广性的结论；另一方面，我们也有理由相信，被弟弟妹妹替代的感觉以及妈妈给予的关注的减少，对女孩和男孩的确有不同的意义。有证据表明，妈妈如何对待女儿对女儿以后的行为和人格的影响，比妈妈如何对待儿子对儿子以后的行为和人格的影响更大。由此看来，某种程度上，男孩可能受妈妈的影响更小。南希·霍多罗夫认为，女孩的自我意识以及自尊的发展和妈妈的认同有密切关系，而男孩则并非如此。如果女孩与妈妈形成了亲密的母女关系，那么也就不难理解，为什么当这种亲密关系被取代时，会产生如此大的消极影响，尤其是当女孩在两三岁时，因为这个年龄段正是儿童自我意识形成的阶段。

妈妈对待第一个孩子的方式还会对孩子们之间的关系产生其他影响。在第二个孩子出生后的几周内，每个妈妈通常都会以不同的方式告诉自己的第一个孩子小宝宝的需求、情绪和喜好。在一些家庭中，妈妈会和第一个孩子以平等的方式谈论小宝宝。妈妈会告诉第一个孩子关于小宝宝的一些情绪和需求，以此吸引第一个孩子的注意力并让他关注小宝宝的兴趣、喜好以及情绪。比如，妈妈会对第一个孩子说"她喜欢盯着你看""她是因为被吵醒了而生气吗？""他在看你，你注意到了吗？""他很喜欢你吻他的脸""当你大喊大叫的时候，他就不会笑，因为这会让他不舒服""他在看我的裙子，他喜欢这个颜色""快听听小宝宝在说些什么，他是想喝奶了"。即使第一个孩子只有2岁，妈妈也会经常要求第一个孩子想想应该为小宝宝做些什么。妈妈经常会和第一个孩子讨论小宝宝为什么哭、为什么笑。妈妈会让第一个孩子尝试照顾这个刚出生的家庭成员（虽然这往往是很难的）。下面是两个例子。

妈妈对蒂姆说："蒂姆，你觉得小宝宝是饿了还是想洗澡了？让我们看看他的肚子，看看他究竟想干什么，好吗？……我们该怎么办呢？我们最好赶紧给他洗澡。让我们给他洗澡吧。你能帮我放洗澡水吗？"

蒂姆转向小宝宝，对他说："宝宝！宝宝！"

妈妈对蒂姆说："很好！你和他说话，他就会很高兴。"

佩妮注意到弟弟哈利需要打嗝，于是对妈妈说："给哈利拍嗝吧。"

妈妈说："好呀，那你可以帮我吗？我怕我做不好。"

佩妮点了点头，拍了拍哈利，哈利发出了细微的咕噜声。

妈妈高兴地对佩妮说："他打出来了！"

佩妮自豪地看了妈妈一眼，然后转身对哈利说："你好，哈利！你好，哈利！"此时，哈利也目不转睛地看着佩妮。

此时，妈妈对佩妮说："他昨天对我们笑了，你还记得吗？"

佩妮点了点头，对哈利说："笑一笑，哈利！"

妈妈也对着哈利说："笑一笑，哈利！"

佩妮吻了几下哈利。

妈妈提醒佩妮说："你当心，别让他咬到你的鼻子。"

佩妮说："啊，他在咬我的鼻子。"

妈妈问："他是在咬你的鼻子，还是在亲你？"

佩妮笑了笑，说："他是在亲我。"

在一些家庭中，妈妈和第一个孩子常常因为小宝宝的某些小小的"成就"而高兴。每当在谈论小宝宝时，她们就很开心。

伊恩把玩具熊放在宝宝面前，对宝宝说："宝宝快看，看这个小熊！"于是，宝宝开始盯着眼前的玩具熊看。

伊恩开心地对妈妈喊道："妈妈快看！"

妈妈此时在卫生间洗衣服，她问伊恩："怎么了，伊恩？"

伊恩说："他在看小熊！妈妈你过来看呀，他在看小熊！"

妈妈走过来，对伊恩说："他喜欢这个小熊，但你不要把小熊靠近他的脸。我们可以把小熊放到他的婴儿床上，这样他就可以一直看到小熊了，好吗？"

令人惊讶的是，在一些家庭中，如果家庭成员在第二个孩子出生后的几周内常常谈论他，那么第一个孩子会更友好地对待弟弟妹妹，而第二个孩子在14个月后也会对哥哥姐姐很友好。即使2岁大的孩子，也会对弟弟妹妹的情绪和愿望充满好奇，妈妈如果鼓励他们关注弟弟妹妹的情绪和愿望，将有助于孩子们之间形成温暖、友好的关系。

爸爸对兄弟姐妹关系的影响

孩子们与爸爸之间的关系显然也十分重要。当看到爸爸与第二个孩子一起玩耍时，第一个孩子常常会表现出嫉妒。

一个孩子曾经十分严肃地和妈妈说：

"爸爸不是妹妹的爸爸。"

还有一位妈妈这样描述女儿的反应：

"她很介意爸爸抱弟弟，甚至比我抱弟弟更介意。我想，她可能觉得我和弟弟待在一起是理所当然的。但是，当爸爸和弟弟待在一起时，她就不这么想了。"

第一个孩子与爸爸关系亲密的家庭，在第二个孩子出生后的第一年，孩子们之间很难融洽地相处。但和爸爸关系亲密的第一个孩子，在弟弟妹妹出生后，对妈妈的不满相对较少。看来，父亲与第一个孩子的关系能够减少第一个孩子因妈妈对小宝宝的关注而产生的被取代的感受。很多孩子在弟弟妹妹出生后，与爸爸的关系会变得更加亲密。当然，这可能部分因为爸爸对长大的孩子更有兴趣。据悉，随着孩子的成长，超过40%的爸爸会对第一个孩子表现出更多的兴趣。剑桥大学的一项研究记录了两位妈妈的观察：

"事实上，他对婴儿并不是很有兴趣，反倒是当孩子长大了，他才对孩子更有兴趣。"

"与之前相比，现在确实有些不同。他喜欢带女儿一起钓鱼，他会花更多的时间陪伴她。"

当孩子们逐渐长大了，往往一个孩子会和爸爸形成特殊的、亲密的关系，而另一个孩子会和妈妈形成这种关系。通常，妈妈会说"她是'爸爸的女儿'，另一个才是我的！"这是在同一个家庭里，孩子们有不同感受、经历的一个例子，这种不同也部分地导致了兄弟姐妹日渐形成个体差异。

当爸爸妈妈和第二个孩子做游戏时

如果你仔细观察爸爸妈妈和第二个孩子一起做游戏时第一个孩子的反应，你就会明白，爸爸妈妈和第二个孩子的关系对年幼的第一个孩子来说是多么重要了：有的孩子会非常热情地尝试加入到父母和弟弟妹妹的游戏中，而有的孩子会做出矛盾的行为干扰他们的游戏，或立即向父母寻求关注。年幼的孩子很难忽视弟弟妹妹和爸爸妈妈的互动。不仅第一个孩子会对父母和弟弟妹妹之间的游戏迅速做出反应，第二个孩子1岁后，通常也会试图干扰哥哥姐姐和爸爸妈妈一起做游戏。很多妈妈说，第二个孩子在1～2岁时最容易嫉妒哥哥姐姐。

但是，不同的孩子对父母与兄弟姐妹的游戏的反应是大不相同的。如果两个孩子的性别是一样的，那么第一个孩子会更愿意参与到爸爸妈妈和弟弟妹妹的游戏中，他对弟弟妹妹更可能持积极的态度。而在弟弟妹妹出生后表现得淘气或易怒的孩子，更有可能破坏爸爸妈妈与弟弟妹妹的游戏。下面是一些来自剑桥大学的研究。

妈妈拿着玩具熊，对第二个孩子多娜说："你玩这个小熊吧！"

第一个孩子乔安妮看到了，不开心地对妈妈说："这个小熊是我的！是我的！"

于是，妈妈放下了玩具熊，拿起了一本绘本，对多娜说："那我们看书吧。"

乔安妮不满地对妈妈说："这本书也是我的！"

妈妈没有理乔安妮，她指着绘本上的画对多娜说："你看，多漂亮！"

乔安妮着急地对妈妈喊："别让多娜翻，她会弄坏这本书的！"

妈妈对第二个孩子露比说："你刚刚玩得高兴吗，露比？"

第一个孩子费伊听到后，不开心地对妈妈说："她不可以再玩儿了。"

妈妈对正在玩乐高的麦尔肯说："妈妈给你搭一辆小汽车吧！"

第一个孩子弗吉尼娅噘着嘴说："妈妈，我也要！"

妈妈拿起了红色的积木块，对麦尔肯说："我帮你搭一辆小汽车，好不好？"

弗吉尼娅不满地对妈妈喊道："不要用红色的！"

妈妈放下了积木块，抱起了麦尔肯，模仿着他咿咿呀呀的声音逗麦尔肯。

弗吉尼娅看到后问妈妈："我能坐到你腿上吗？"

妈妈对弗吉尼娅说："是因为我抱了麦尔肯吗？"

弗吉尼娅点了点头。

妈妈笑了笑，对弗吉尼娅说："好吧，你过来吧。"

第一个孩子逗弟弟妹妹笑

对于3～5岁的孩子来说，能够逗一个6周大的小宝宝笑是一件让他们感到骄傲和快乐的事，而且会让他们更喜欢小宝宝。所以，如果能够让你的第一个孩子学会逗弟弟妹妹笑，是一件很好的事情。你可以向第一个孩子示范怎样逗小宝宝笑，比如轻轻地拍小宝宝、发出某种声音、朝小宝宝做鬼脸、模仿小宝宝的声音，等等。大多数学龄前儿童喜欢做出怪异的表情和发出怪异的声音，而小宝宝则是看他们表演的很好的观众。当小宝宝3个月大的时候，他会开始全神贯注地注视哥哥姐姐；到七八个月大的时候，小宝宝会觉得哥哥姐姐比家里的其他人更有魅力。

第一个孩子会试图模仿你吸引小宝宝注意的方式，也会开始用自己的方法吸引小宝宝的注意。即使他们在一起玩游戏还有困难，如小宝宝还不能理解怎么玩捉迷藏这类游戏，但学龄前儿童却能通过唱歌、跳舞逗小宝宝开心。

你可以通过多种方式鼓励第一个孩子的这些行为。比如，你要告诉第一个孩子小宝宝的兴趣和反应，和第一个孩子说：

"他在看着你！"

"他很喜欢你这样做！"

当第一个孩子做出逗小宝宝开心的行为的时候，你要表扬他；你还可以向第一个孩子解释小宝宝的反应，夸大小宝宝对他的喜欢，你可以说：

"你看，他多么喜欢你啊！"

如果小宝宝对哥哥姐姐的行为表现出不知所措，你可以建议第一个孩子换一种表演，你可以说：

"或许他现在想听一首安静一点儿的歌，摇篮曲怎么样？你能给他唱吗？"

几个月后，第二个孩子对哥哥姐姐会越来越喜欢。他们越来越觉得哥哥姐姐的表演很有趣，并常常沉浸其中。

一位妈妈说：

"她认为哥哥很了不起，她把哥哥当英雄一样崇拜。如果哥哥挠她的小脚丫，她就会不停地咯咯笑。哥哥一离开房间，她就会哭。"

另一位妈妈注意到，她8个月大的女儿在哥哥不在身边的时候会想哥哥。

"早晨的时候，她听不到哥哥的声音就会一直叫，见不到哥哥就很焦虑。"

有趣的是，在这两个家庭中，第一个孩子对弟弟妹妹并不是特别友好。

弟弟妹妹对第一个孩子产生的崇拜之情对第一个孩子非常有益，你可以利用这种崇拜对付第一个孩子的嫉妒心理。到第二个孩子10～12个月大的时候，如果哥哥姐姐离开，他会想哥哥姐姐；而当哥哥姐姐回来的时候，他会高兴地表示欢迎。你要毫不犹豫地告诉第一个孩子弟弟妹妹的表现。你可以和第一个孩子说"他看到你特别高兴！他觉得你特别好！""看，你让他笑了！""你真的可以让他高兴起来！"。

兄弟姐妹的第一次对话

当第二个孩子长到2～3个月大的时候，很可能会发出一系列古怪的声音，而这些声音很快就会发展为一系列笑声和大喊大叫的声音。这些有趣的声音经常会让第一个孩子很高兴，他们会兴高采烈地模仿这些声音。这些模仿通常能得到第二个孩子的回应。如果第一个孩子没有这样做，你可以鼓励第一个孩子模仿弟弟妹妹发出的声音，让他看看弟弟妹妹有多开心。

即使第一个孩子只有2岁，也会学大人对小宝宝说的儿语。他会模仿大人故意大声地、用夸张的方式说话，重复问一些问题。他还会通过叫弟弟妹妹的名字吸引弟弟妹妹的注意，比如：

"宝宝！"

"你好，苏西！你好，苏西！你想要什么？你喜欢帽帽吗？"

"哦，哦，哦！"

如果你偷听第一个孩子和弟弟妹妹说话，就会发现这种儿语会发生变化，第一个孩子在吸引弟弟妹妹注意方面获得了更多的技能，而弟弟妹妹也会给第一个孩子更多的回应。

剑桥大学的研究发现，与和妈妈说话时相比，第一个孩子和小宝宝讲话时会使用更短的句子，就像妈妈和小宝宝讲话时那样。他们也会不断重复自己的话，并使用很多会吸引小宝宝注意的动作。

在研究中，我们观察到了这样一个例子：

14个月大的弟弟罗宾想把一块掉在地上的糖吃掉，31个月大的哥哥林肯看到了，马上阻止了罗宾。邓肯告诉罗宾，那是斯科特（家里养的狗）吃的糖，并试着叫罗宾去厨房玩，以转移他的注意力。他最终成功地把罗宾引导进了厨房。值得注意的是，在引导罗宾的整个过程中，邓肯模仿了妈妈对罗宾说话时的样子，比如重复自己的话，使用简单的表达，通过喊罗宾的名字来吸引他的注意力。

"不，你不能吃那个，那个是斯科特吃的，不是你吃的。斯科特会吃的，它不是你吃的。我们去厨房玩好不好？对，过来，过来！进来，罗宾，进来。"

在剑桥大学的系列研究中，有些孩子在和小宝宝说话时，也会学妈妈使用亲昵的称呼和讨好的语气。

伊恩想让弟弟格拉哈姆到客厅和他一起玩，于是他对格拉哈姆说：

"来呀，格莱哈姆，过来，你这个睫毛长长的小家伙！"

伊夫想让妹妹凯特看盒子里的玩具，于是他对凯特说："看这儿，小凯特。看这儿，小凯特。小凯特，看这儿。快看这儿呀，小凯特，小宝贝。"

兄弟姐妹间的"对话"慢慢地会越来越长。虽然第一个孩子是通过听大人与小宝宝说话而学会儿语技能的，但通常这种技能会随着两个孩子之间的互动得以发展。

兄弟姐妹间的模仿行为

有关第一个孩子如何对待年幼的弟弟妹妹的研究发现，大部分孩子对弟弟妹妹都非常感兴趣。在许多文化背景下，他们都被赋予了照顾弟弟妹妹的责任。通常在弟弟妹妹1岁后，大部分弟弟妹妹与哥哥姐姐都会建立起依恋关系。他们见到哥哥姐姐会很开心，会很喜欢和哥哥姐姐一起玩。在第二个孩子出生的第一年，两个孩子玩耍的频率会持续上升，到第二个孩子七八个月大的时候，两个孩子的互动会非常明显，这体现在第二个孩子对哥哥姐姐更加关注，以及在和哥哥姐姐玩耍、交流时表现出来的愉悦情绪。在第二个孩子8个月大前，第一个孩子经常会模仿弟弟妹妹；但是到第二个孩子1岁以后，会更频繁地模仿哥哥姐姐。

随着孩子们逐渐长大，这种模仿会变得更加频繁。罗娜·阿布拉莫维奇的研究显示，在20个月大的宝宝和哥哥姐姐的互动中，有20%的行为属于模仿行为。

小宝宝对哥哥姐姐的模仿是很有趣的，让我们看看下面这个例子：

汤姆14个月大，他看到哥哥内德假装自己是飞行员在"开飞机"（玩具飞机）。当内德离开房间后，汤姆就爬到玩具飞机旁边，学着内德的样子也"开"起了"飞机"。

在这个例子中，汤姆在模仿哥哥，这种行为远比他自己玩时的行为水平高。汤姆才14个月大，这么小的孩子玩"开飞机"的假装游戏，还有些为时尚早。虽然我们无法确定，这样的模仿行为是否对孩子的心智发展具有普遍的促进作用，但在汤姆的例子中，这种促进作用肯定存在。弟弟妹妹对哥哥姐姐行为的模仿说明，哥哥姐姐对弟弟妹妹如何玩耍以及和物体的相处能力有直接影响。

弟弟妹妹也会在其他方面模仿哥哥姐姐，他们特别喜欢模仿哥哥姐姐那些得到过成年人注意的行为，包括导致成年人责骂和惩罚的行为。18个月大的宝宝，在观察到哥哥姐姐因为某个行为被妈妈责骂后，往往会马上模仿该行为，而且还会笑着观察妈妈的反应。这种违反规则所带来的快乐（了解什么是被允许的、什么是不被允许的），在第二个孩子对哥哥姐姐淘气行为的模仿中体现得非常明显。同时，哥哥姐姐也会经常模仿弟弟妹妹可以引起父母注意的行为和声音。

值得注意的是，兄弟姐妹之间的模仿行为存在明显区别。年幼的孩子一起玩游戏时，孩子们经常会模仿彼此的某个动作、某句话或某个手势。下面是剑桥大学研究中的一个例子：

朱迪把手放在8个月大的卡罗尔的婴儿座椅上，然后在婴儿座椅的小桌上摆动手指。卡罗尔看到了，也学着朱迪摆动起了手指。两个孩子一边摆动手指，一边笑着互相看着对方。三分钟后，卡罗尔还在小桌上摆动手指，并看着旁边的朱迪，开心地叫。

这种两个孩子一起做同样动作的游戏，通常会给他们带来巨大的喜悦。在第二个孩子出生后的前几周哥哥姐姐就对其做出了温暖、充满爱意的举动的家庭中，哥哥姐姐更可能模仿小宝宝。小宝宝很喜欢回应模仿他们行为的人，也喜欢模仿抚养他们的人，这也就不难解释，为何在这类家庭，小宝宝会频繁地、热情地模仿哥哥姐姐的行为。小宝宝的模仿，对第一个孩子来说就好像是一种奖励。第一个孩子看到这个热情的小粉丝的反应后，会更频繁地关注小宝宝，小宝宝也会更频繁地模仿哥哥姐姐。

关于为什么模仿游戏会令小宝宝如此兴奋，还有另一种解释：小宝宝表现出的喜悦，部分是因为他们认为哥哥姐姐可能是"喜欢我的"。心理学家早已表明，无论是孩子还是成年人，都更容易被他们认为喜欢自己的人吸引。研究发现，模仿游戏在同性兄弟姐妹之间更普遍，这可能说明，年幼的孩子对同性的兄弟姐妹更亲近，更容易认为对方是喜欢自己的。

年幼的兄弟姐妹间的模仿行为，不仅展现了孩子之间对彼此的密切关注，以及第一个孩子成为弟弟妹妹的榜样的潜在可能，而且还向我们展示了两个孩子做同样动作时拥有的快乐。事实上，通过两个孩子间友好、有趣的互动，我们不难发现，尽管很多文献都强调了兄弟姐妹间的敌对和竞争，但第二个孩子对哥哥姐姐的善意会随着年龄的增长而逐渐增加，至少在他们出生后的前三年是这样的。

尝试安慰弟弟妹妹

多数孩子在弟弟妹妹哭泣、沮丧的时候会很担心，甚至会尝试安慰弟弟妹妹。有研究观察了4岁的孩子目睹因妈妈离开而难过的处于婴儿期的弟弟妹妹会做出如何反应，结果显示超过一半的孩子会尝试去安抚弟弟妹妹。学龄前儿童在弟弟妹妹痛苦的时候，会模仿妈妈在这种情况下会做的事情，比如弟弟妹妹说话，拍拍他，给他一个安抚奶嘴，用玩具分散他的注意力。在这一特殊阶段，你可以教第一个孩子怎么做才能最有效地安抚小宝宝。

令你哭笑不得的是，如果你严厉地批评小宝宝，第一个孩子可能会表现出焦虑！对许多妈妈来说，这可能看起来像共谋。有一位妈妈说：

> "如果我斥责老二，老大会说'你很残忍，她根本听不懂'，他会走过去抱抱妹妹，或提醒我说'你不可以这样对贝基，她只是一个小宝宝。'"

如果第一个孩子无法安慰弟弟妹妹，无法让弟弟妹妹不再哭，他会很有挫败感，也会失去对安慰弟弟妹妹的兴趣。你最好留意这种情况，随时关注孩子的心理变化，不要让他沮丧。

第二个孩子对哥哥姐姐的依恋

通常年幼的孩子和弟弟妹妹之间会存在一个友善的纽带，即合作行为和对彼此痛苦的关心。这种纽带能被看作是通常存在于父母与子女之间的依恋关系吗？一个孩子能为另一个孩子提供心理的安全基地吗？第一个孩子能否成为弟弟妹妹获得安全感的来源之一？答案是肯定的，但并非所有的家庭都如此。有两个关于依恋的研究表明，婴幼儿会对哥哥姐姐产生依恋。在剑桥大学的系列研究中，14个月大的小宝宝有50%表现出不希望哥哥姐姐离开，有三分之二的小宝宝会很想念哥哥姐姐，甚至不少近8个月大的小宝宝非常喜欢哥哥姐姐。

"西沃恩很喜欢哥哥，如果哥哥挠她的脚心，她会笑得合不拢嘴，只要哥哥跟她待在一个房间里，她就不会哭。"

——西沃恩的妈妈

"只要哥哥不在杰姬眼前，她就浑身不自在。早上她只有听到哥哥的声音才不会哭，只有看到哥哥，才不会那么焦躁不安。我真拿她没办法！"

——杰姬的妈妈

几个14个月大的小宝宝会在哥哥姐姐身上寻求安全感。

"格拉哈姆会去找哥哥寻求爱和安慰。他会捏哥哥的脸，并且咿咿呀呀地叫，就好像在说'哥哥真好！'哥哥很关注格拉哈姆，看到他不开心，哥哥就会安抚他。"

——格拉哈姆的妈妈

在相对陌生的环境，年幼的哥哥姐姐也会给弟弟妹妹带来安全感。通过对寄宿幼儿园小朋友的观察发现，当孩子们被允许和哥哥姐姐待在一起时，他们会更高兴。实验研究也得出了相同的结论。一个研究将小宝宝与妈妈分开，研究发现，那些得到过哥哥姐姐安慰的小宝宝，会在接下来的时间表现得更冷静、从容，并且一个人也能玩得很愉快，这显然是受到了哥哥姐姐的积极影响。当陌生人走进房间时，小宝宝会向哥哥姐姐靠近，并会对陌生人微笑。另一个研究发现，16~22个月大的小宝宝在哥哥姐姐在旁边时，就会到离妈妈更远一些的地方玩耍。

第一个孩子的矛盾心理

虽然第一个孩子会有安慰小宝宝的想法，但有时他心里也会有让小宝宝难过的想法，或看到小宝宝难过会感到高兴。

3岁的劳拉抚摸着弟弟，试图让他平静下来，并对他说："别哭了，宝宝！"然后转身对妈妈说："打他！"

2岁的谢丽尔亲了亲妹妹，并对她说："妹妹！妹妹！"然后对妈妈说："她是个小讨厌鬼！"

第一个孩子有这种矛盾的心理很常见。小宝宝很可爱，会朝人微笑，发出咿咿呀呀的声音。这时你可能会注意到，原本友善的第一个孩子，在大家都喜欢小宝宝的时候，对小宝宝的态度就变了。他会突然要求你不要理小宝宝，或声称"我不喜欢他""我不希望他在这里"。"我已经受够了亨利"，这是当亨利5个月大、变得人见人爱时，他4岁的哥哥说的话。第一个孩子有时还会用力抱起小宝宝，直到把他弄哭。如果是这样，你要坚定地告诉他："你这样做伤害了小宝宝，他不喜欢你这样做，你抱得太用力了。我们不要打扰他了。"同时找些第一个孩子感兴趣的事情让他做。

你也许会听到4～6岁的孩子对小宝宝进行语言攻击。有的语言攻击很简单，比如"胖子！""讨厌的爱哭鬼！"有的很有创意，但有的很过分！当第一个孩子非常生气的时候，你可能会无意中听到他说："我恨你！"在这种情况下，你很难坐视不理。你要告诉第一个孩子，这样做会让小宝宝受到伤害，但不要严厉惩罚第一个孩子，因为能够表达他的痛苦和嫉妒心理对他是有益的。不要把第一个孩子的这些语言攻击看得过于严重，否则不利于他减少这些不良情绪。

其实，第一个孩子虽然会有以上种种行为，却经常表现出对弟弟妹妹最真挚的感情。偶尔的语言攻击并不意味着全面拒绝弟弟妹妹。你也要考虑第一个孩子做过的值得肯定的地方，例如，在弟弟妹妹哭的时候给予关心，试着让弟弟妹妹高兴起来，以及笨拙地逗弟弟妹妹开心，等等。有一位妈妈这样说：

"这其实就是有爱有恨，不是吗？"

能将第一个孩子的嫉妒心理最小化的一种方法是，指出他和弟弟妹妹的共同点。你可以告诉他，当他和弟弟妹妹一样大的时候，他是什么样的。如果你有第一个孩子小时候的视频资料，放给他看。你还可以给他讲他3个月大的时候的故事，以及你当时是怎么安慰他的。用他小时候的温暖的家庭故事向他证明，他是被家人喜欢的。

伊恩的妈妈告诉孩子的祖父母和客人："她（伊恩的妹妹）

喜欢和伊恩在一起，而且喜欢观察伊恩，伊恩是她的英雄！"说这句话时，妈妈确保伊恩就在附近，能够听到她这样说。

知道有一个崇拜自己的粉丝能够治愈第一个孩子因感觉自己被取代而受伤的心，这是减轻第一个孩子嫉妒心理的好方法。你可以经常提起第二个孩子多么崇拜哥哥姐姐，很快第一个孩子自己也会感觉到，他是一个被人喜爱的哥哥姐姐。

最后，给第一个孩子看关于如何与刚出生的弟弟妹妹相处的视频是很有效的。《嘿，谁为我想想》（Hey，What about Me）这个视频就很不错，里面没有出现大人，而是表现了孩子们如何与弟弟妹妹相处，包括在本章中我们所谈到的模仿小宝宝，与小宝宝"对话"，试着安慰小宝宝或喂小宝宝吃东西，谈论对小宝宝的矛盾感情，以及对小宝宝得到大家关注的感受。孩子们甚至还谈论他们对待抑郁情绪的方法（例如，出去和朋友玩，向父母说出自己的感受）。这个录像对五六岁的孩子很有帮助。

第一个孩子对父母偏心的察觉

孩子能觉察父母对待自己和兄弟姐妹的差异。在海伦·科赫的研究中有个5岁的孩子这样说：

"我能打哥哥，但他不能打我。有时候我拿走哥哥的东

133

西。妈妈同意我这么做。"

不难发现，父母对第二个孩子的偏爱会激发第一个孩子的嫉妒情绪。在海伦·科赫的研究中，五六岁的孩子总觉得妈妈会偏爱弟弟妹妹。下面的对话来自剑桥大学的一项研究，该研究展示了在第一个孩子眼中，妈妈在孩子们争吵时是如何扮演协调者的。

采访者问6岁的萨莉，当她和妹妹安妮发生矛盾时，一般谁会赢。萨莉说：

"安妮一般会赢，因为她比我小。"

采访者问："她是怎么赢的呢？"

萨莉说："妈妈要我让着安妮，因为安妮比我小。如果我比安妮小，我就会赢。妈妈要我让着安妮……妈妈要我让着安妮，我不能不听妈妈的话。我从没有对妈妈说过'不'。"

采访者问："所以，安妮就赢了吗？"

萨莉点了点头。

毫无疑问，当第二个孩子年龄尚小时，妈妈通常会倾向于让他"获胜"。当2岁的孩子和哥哥姐姐发生矛盾时，妈妈极有可能制止或指责老大而不是老二。很多孩子到了七八岁时仍会介意弟弟妹妹得到的关注，尽管父母已经在尽力平衡对两个孩子的爱。

游戏开始了

第二个孩子8～10个月大的时候通常可以加入到哥哥姐姐的游戏中，尤其是如果他很幸运地拥有耐心的哥哥姐姐时；1周岁前后，他和哥哥姐姐就会有共同的游戏，游戏过程中一定会充满欢声笑语。有时候这些游戏非常简单，举一个典型的例子。

萨莉是一个活跃的3岁孩子，她喜欢在沙发上跳，这引起了18个月大的巴里的注意。巴里看到姐姐笑了，爬到沙发上和萨莉一起跳了起来。两个孩子一边跳，一边大笑。妈妈利齐担心沙发被弄坏了，阻止孩子们这么做，但两个孩子笑得更欢、跳得更高了。利齐说："孩子们在一起反抗我！"

两个孩子可以一起玩追逐游戏、捉迷藏、转圈，一起咯咯笑，所有这些会在第二个孩子出生的第二年发生。

如果第一个孩子有足够的耐心，可能会和弟弟妹妹一起玩一些更复杂的游戏。我曾看到过2岁的小妹妹和姐姐一起踢足球（虽然她们更像围着球门走路）。我也经常看到第二个孩子被哥哥姐姐邀请，一起玩过家家，哥哥姐姐会教他怎么表演小学生、公交车乘客、乘坐火箭的宇航员、参加生日聚会的客人、小宝宝的爸爸，等等。对第二个孩子来说，被邀请加入哥哥姐姐的游戏是非常令他们开心的事，甚至比父母提供的任何娱乐活动都更有趣。他们此时会密切关注哥哥姐姐，观察并模仿他们。家长往往很愿意看到这样的场景，因为两个孩子在一起玩得很开心，让家长觉得无论育儿生活多么艰难，都是值得的。

在一些家庭中，正如一位妈妈所说，假装游戏会"占据孩子们95%的白天时间"；而在一些家庭中，兄弟姐妹间的假装游戏则比较少见。有研究指出，在一些第二个孩子2岁左右的家庭里，假装游戏中大约有60%的情景会涉及妈妈、哥哥姐姐，或两者都有。如果我们把第二个孩子与哥哥姐姐玩的假装游戏，同他们与妈妈玩的假装游戏比较，会发现一些非常显著的差异。

首先，假装游戏中，孩子与兄弟姐妹一起玩假装游戏的方式同与妈妈一起玩假装游戏的方式是不同的。妈妈通常会在假装游戏中扮演旁观者的角色，她往往会提出一些建议，但不会完全参与到游戏中。妈妈的建议通常会集中在如何使这个假装游戏尽量变得"现实"。"现实生活会是这样吗？"这恐怕是大多数妈妈在和孩子玩假装游戏时最关注的问题。

相反，在与兄弟姐妹玩假装游戏时，孩子们通常会以合作伙伴的身份进行角色扮演。这种合作的重要性是不言而喻的，具体表现在：研究中大约有四分之一的2岁宝宝会接受哥哥姐姐的邀请玩假装游戏，假装在某个地方扮演某个角色。通常我们认为，年仅2岁的孩子是很难进行这种需要较高智力的活动的，但剑桥大学的研究发现事实并不是这样。

2岁的约翰正在与姐姐安妮玩假装游戏，按照安妮的指示，约翰扮演了爸爸的角色，当安妮管约翰叫亨利（爸爸的名字）时，约翰会及时做出回应，并且告诉观察员他是爸爸。

安妮对约翰说："你当爸爸，我当妈妈，好吗？"

约翰说："好的。"

安妮说："我们有一个宝宝，对吗？"

约翰点了点头。

安妮说："亨利。"

约翰说："怎么了？"

安妮说："你有宝宝吗？"

约翰说："嗯，我是一个爸爸。"

2岁的劳拉正在与姐姐卡罗尔玩假装游戏，劳拉扮演的是妈妈。

卡罗尔躺在床上，对劳拉说："给我换尿布，妈妈！给我换尿布！"

劳拉说："好的。"然后，她把卡罗尔的裤子脱了下来。

卡罗尔对劳拉说："换好啦。"

劳拉说："好的。来吧宝贝，该吃东西了。"说着，她佯装给卡罗尔喂鸡蛋。

妈妈看到了这一幕，好奇地问："你们在干什么？"

卡罗尔对妈妈说："她在喂我吃鸡蛋。"然后她转向劳拉，说："再给我一个鸡蛋。"

卡罗尔"吃"完"鸡蛋"后，大声对劳拉说："妈妈，我想要围嘴！围嘴！"

劳拉问："哪一个？"

之后，劳拉假装给卡罗尔讲故事。她说："我给你讲故事吧。"

劳拉是愿意配合姐姐的，她会按照姐姐的指示行动，但同时她也在游戏中加入了自己的想法，比如她像对待宝宝一样喂姐姐"吃鸡蛋"，并打算给她讲故事。这可能是一个2岁的宝宝在一整天中都会和哥哥姐姐一直做的事情，并且哥哥姐姐会在假装游戏的一开始就向弟弟妹妹提出一些有创意的想法（事实上，一年之后，劳拉与卡罗尔仍然很享受一起玩这个游戏，卡罗尔仍然扮演宝宝，而劳拉仍然扮演妈妈）。

毫无疑问，这些例子体现出2岁宝宝具有一定的想象力和与他人合作的能力，并且他们可以充分理解自己所扮演的角色的特点。

如果第二个孩子只有2岁，通常会由哥哥姐姐负责组织假装游戏。当第二个孩子3岁时，已经能对假装游戏提出一些建议，但哥哥姐姐还是会掌握这场游戏的绝对控制权，会指导弟弟妹妹，并不时地给出建议。下面的三个例子都取自剑桥大学的研究，这些例子很好地体现了第一个孩子在假装游戏中的管理与领导。

扮演老师的凯西用老师的语气对弟弟杰克说："我现在要给你讲一个故事。"然后她用正常的语气说："杰克，你不能坐在这儿，你必须坐在我对面。好了，坐在这里，然后听我给你讲故事。"

约翰用正常的语气对妹妹安妮说："我下车了，但你不能和我一起下车，你必须继续开车，因为你是司机。"然后他用乘客的语气对安妮说："非常感谢，再见！"说完，他就"下车"了，接着安妮也跟着约翰"下车"了。于是约翰又变回了正常的语气，对安妮说："你现在上车吧，坐在驾驶座上……不，安妮，这不是驾驶座，那个才是！"

凯特用正常的语气对妹妹劳拉说："劳拉，你要像小宝宝那样说话。"劳拉学着小宝宝的语气，对凯特说："我能再吃些糖果吗？"凯特用妈妈的语气说："不可以，好孩子，该睡觉了……"

对第二个孩子来说，与哥哥姐姐一起玩的童年经历，对于发展自身的能力有多重要呢？下面的例子中，姐姐凯莉给18个月大的妹妹玛丽设计了一个关于生日派对的假装游戏，她在花园的沙坑里用沙子堆了一个"生日蛋糕"，还带玛丽唱起了生日快乐歌。

凯莉对玛丽说："亲爱的玛丽，你现在3岁了！"

玛丽点了点头。

凯莉说："你现在可以去上学了。"

玛丽又点了点头。

凯莉说："你现在想去学校吗？"

玛丽说："嗯。"

凯莉说："那好吧。"然后，凯莉模仿老师的语气，对玛丽说:"你好,玛丽!我是凯莉老师。你愿意帮我做这个生日蛋糕吗?"说完,凯莉又用正常的语气对玛丽说:"我们一起来做好生日蛋糕,好吗?"

玛丽点了点头,并唱起了歌:"祝你生日快乐……"于是,两个孩子手拉着手,围着花园边走边唱。

凯莉说:"我们现在到公园了。我是妈妈,你是宝宝。"然后她用妈妈的语气说:"小家伙,我们现在要回到生日派对去。"

玛丽再次唱了歌:"祝你生日快乐……"

过了一会儿,凯莉用妈妈的语气说:"好啦,小宝贝。你现在要去睡觉吗?"

只有当兄弟姐妹间形成了亲密无间的关系,他们才会在假装游戏中表现出合作与分享。当然,这个游戏本身就能帮助孩子们学会合作与分享,这也有助于兄弟姐妹间关系的发展。我们很确定,如果在与哥哥姐姐和睦相处的环境中成长,第二个孩子更有可能会在假装游戏中探索转变身份的乐趣,并且会在假装游戏中获得更多的愉悦。在剑桥大学的研究中,2岁的宝宝会尝试不同的角色,不仅包括妈妈、爸爸、宝宝,还包括飞行员、司机、警察、商店顾客,以及一些想象中的朋友(通常比较夸张、奇怪)。

至于这些童年经验对孩子的长期发展有多重要,我们很难估量。但是一些关于假装游戏的研究表明,童年期具有充满想象力的生活与成年后的想象力、创造力以及表达能力的水平有密切关系。英国文学史上赫赫有名的勃朗特三姐妹就是非常典型的例子。波伏娃也曾经详细描述了她在童年时和妹妹一起玩假装游戏的意义，以及妹妹在游戏中起到的重要作用：

"我最喜欢的游戏是假装成为某个人物，在这个游戏中我必须有一个助演或帮手……如果我要将头脑中充满想象力的故事在现实生活中演绎出来，同伴的合作就非常重要……我总是通过这些故事来表达自己。我把这些故事强加到我妹妹身上，我会给她安排一些小角色，而她也十分配合地接受了。"

俄罗斯作家谢尔盖·阿克萨科夫也在书中回忆了童年时和妹妹玩假装游戏时的乐趣，同时他肯定了妹妹在游戏中的重要性：

"我不喜欢镇上破败的花园……我总是向妹妹描述一些我想象的奇观，她就在一旁好奇地听着我讲，用她那双美丽的眼睛盯着我，全神贯注。但我讲完后，她却和我说：'哥哥，我一句也没听懂。'叙事者只有5岁，而听众只有3岁，所以这一点儿也不奇怪……每天我都会给我妹妹上一堂'阅读课'，这对于连拼音字母表都还未掌握的她来说，真是一个错误。我每天都让她听我读书，尽管书中有很多连我自己都不明白的地方，我还是坚持给她读。在我给她读书时，可怜的妹妹经常打哈欠，有时还会睡着。我会和她一起用积木搭建城镇和房屋，然后把她的玩具娃娃当作居民……在这个过程中，我们会扮演小镇上的居民，模仿成年人说话的语气，我们通常都玩得很开心……令我印象深刻的是，妹妹当时说了好多赞美我的话。"

本章小结

●下面这些建议能够帮助两个孩子喜欢彼此，愿意互相陪伴。

●鼓励"对话"。让你的第一个孩子模仿弟弟妹妹的儿语和叫声，以促进他们的交流。

●提出表扬。当第一个孩子对弟弟妹妹表现出喜欢和有兴趣的时候，你要及时表扬他。

●告诉第一个孩子弟弟妹妹喜欢他。当第二个孩子表现出对哥哥姐姐有兴趣的时候（你也可以夸大这种兴趣），要让第一个孩子注意到。比如对第一个孩子说："他在看着你，这说明他喜欢你！"

●指出两个孩子的共同点。在合适的时机告诉第一个孩子，弟弟妹妹和他小时候很像。

●让第一个孩子试着安慰弟弟妹妹。当第一个孩子成功地让弟弟妹妹平静下来的时候，你要及时表扬他。

●给第一个孩子看关于兄弟姐妹相处的视频。给第一个孩子看他小时候的视频，也可以给他看各种表现如何和弟弟妹妹相处的视频。

第二部分

冲突和竞争

第八章

竞争、敌对和冲突

我们已经探讨了第一个孩子在弟弟妹妹出生后前两年中的问题和快乐，这一部分则更关注会持续兄弟姐妹一生的主题，即兄弟姐妹之间常见的竞争、敌对和冲突。

兄弟姐妹间的攻击行为很常见。加拿大的一项研究发现，兄弟姐妹之间29%的行为都是不友好的，通常是哥哥姐姐对弟弟妹妹表现出不友好，但是随着第二个孩子不断长大，也会变得越来越有攻击性。

这种兄弟姐妹之间既有攻击行为又有友好行为的模式反映了儿童行为的两个重要特点：首先，尽管有的孩子对兄弟姐妹表现出更多的敌意，有的孩子则表现出更多友好的行为，但对大多数孩子来说，攻击行为和友好行为都频繁出现在与兄弟姐妹相处的过程中，仅仅是从友好或敌意单方面描述孩子间的关系，很明显是不准确的，很多孩子表现出的是矛盾的行为，而不是单方面的攻击行为或友好行为；其次，我遇到过很多对兄弟姐妹，他们中一个比较友好，另一个则比较冷漠、充满敌意，这种情绪的不匹配现象值得注意。我们知道，兄弟姐妹间的人格和行为可能存在显著差异，我认为在同一个家庭环境中的孩子之间出现的显著差异，部分是由于孩子们对待彼此的方式不同而导致的。通过对幼儿兄弟姐妹的观察可以证明这样的行为差异的确十分常见。剑桥大学的一项研究发现，第一个孩子在与14个月大的弟弟妹妹的相处过程中，有21%对兄弟姐妹表现出这种不匹配的现象，即其中一个孩子非常友善，而另一个则表现出敌意。

仅仅在第一个孩子对弟弟妹妹产生情绪反应的前几周，兄弟姐妹间的相互影响就开始存在。在第二个孩子出生后的前两年，兄弟姐妹的关系无论对第一个孩子还是对第二个孩子，都产生了重要影响。孩子们之间可能存在的不对等的影响说明，兄弟姐妹的存在对于家庭中的每个孩子来说作用都是不同的，这或许对解释为何兄弟姐妹之间会存在明显的个体差异有重要意义。

兄弟姐妹之间的争吵和打斗不仅会在童年早期出现，而且会持续整个学龄期，这让很多家长感到吃惊。这个事实打破了我们对幸福的家庭生活的美好幻想。随着孩子们不断长大，我们不仅需要面对第一个孩子的沮丧，还要处理两个孩子之间的复杂关系，他们可能经常会相互竞争，会彼此生气，并且会毫不掩饰地表达这些情绪。家长们经常会认为孩子之间发生争吵说明他们教育的失败，很少有人意识到，其他家庭也会遇到同样的问题。

"他们几乎每时每刻都在吵架。以前我经常会认为无论什么情况下我都很喜欢孩子，但我现在不这么认为了！他们通常都是因为一些很幼稚的事情吵架……他们为什么这么喜欢吵架？"

——蒂娜，3岁的史蒂夫和5岁的埃文的妈妈

为什么蒂娜的两个儿子会有这么多的争吵？父母在面对孩子们发生争吵时，应该做些什么？这些问题我将会在接下来的部分进行探讨。

竞争：兄弟姐妹一起生活的真实写照

兄弟姐妹之间的争吵和竞争是非常普遍的，也是极其自然且可以理解的。实际上，孩子之间不吵架才是罕见的。所以，你不必认为孩子们之间无休止的争吵是家庭教育的问题。

但是，即使你知道这样的争吵是常见的，仍然会感到沮丧，会很难忍受他们之间无休止的争吵甚至是身体攻击。兄弟姐妹之间的冲突对任何家长来说都是很难处理的。即使你在小时候有过和兄弟姐妹吵架、打架的经历，通常你也很难记得当时的情景了。兄弟姐妹之间的战争尤其会令没有这种经历的家长感到沮丧。正如科拉所说：

"我很在意孩子们打架，当他们气冲冲地找彼此的时候，我特别害怕。我讨厌任何形式的身体暴力，看到两个孩子伤害彼此是很糟糕的。我还没有做好准备，因为在我小时候，家里没有人会冲着其他人吼叫。我没有兄弟姐妹可以和我争吵。我

的丈夫有三个兄弟，他对孩子们之间的争吵，只是感到好笑，有时还说他们已经做得很好了。他现在和他的兄弟们相处得很融洽，但他说他们小时候总是打架。"

兄弟姐妹之间的争吵和竞争通常不是第二个孩子出生后的短期现象。对于心中的不悦，第一个孩子最初会有一些直接表现，如前面讨论过的睡眠问题和如厕问题。这些问题在一段时间后就消失了，但他被取代的感觉并没有消失。实际上，第一个孩子的嫉妒心理会逐渐增强，而第二个孩子也将慢慢产生强烈的竞争意识。他们之间的竞争会一直持续下去。看看那些青春期的兄弟姐妹，有的甚至是已成年的兄弟姐妹，即使已经隐藏已久，但他们见面时仍忍不住相互竞争、吵架，尤其是在家庭出现危机的时候。

大部分兄弟姐妹间的冲突与他们各自对其家庭地位的感知有关，即与他们感知到的父母对他们的爱、尊重和表扬有关。在每个家庭中，敌对情绪会以不同的方式表现出来。而随着时间的流逝，孩子们习惯的冲突方式和类型也会发生改变。下面是兄弟姐妹之间发生冲突的一个真实的故事。

安迪，2岁半；苏西，14个月。

安迪是个害羞、敏感、容易焦虑的孩子，他的妹妹苏西是个闹腾、活泼、自信的孩子，妈妈很喜欢苏西。一天苏西不断地尝试拿妈妈一直不允许她动的东西。最后，苏西成功地拿到了。妈妈宠溺地对苏西说：

"苏西，你简直就是一个小魔鬼！"

安迪在房间的门口看到了这一幕，他难过地对妈妈说：

"我不是小魔鬼。"妈妈听到后笑了，然后漫不经心地说："你不是小魔鬼，你是一个可怜的大男孩！"

虽然安迪只有2岁半，他已经注意到了妈妈对自己和苏西的不同反应，而且他会拿自己和妹妹比较。更重要的是，他察觉到了妈妈对苏西的偏爱。

当然，并不仅仅是第一个孩子才会产生嫉妒心理。你有时会注意到，恰恰是在你刚要与老大一起做事的时候，老二表现出需要被关注，或者向你寻求帮助。第二个孩子在两三岁的时候，对这种时机觉察得很准确，他会利用说话、开玩笑、展示新本领，将父母在哥哥姐姐身上的注意力聪明地转移到自己身上。

波莉是一个特别可爱的孩子，她非常擅长把父母对姐姐乔安妮的注意力转移到自己身上。当姐姐和父母一起做游戏的时候，她会试图介入，并把父母的注意力吸引到自己身上，而且她的这种行为随着月龄的增加变得越来越复杂。

在她24个月大的时候，当妈妈和姐姐乔安妮玩过家家游戏时（假装乔安妮带着娃娃去学校），波莉也加入了进去，并坚持让妈妈看看自己的娃娃。等到波莉2岁半的时候，她的介入变得更巧妙了。有一天，她聪明地将乔安妮和妈妈在玩的购物游戏变成了自己喜欢的方式。

"我的商店为你准备了香蕉！快来买香蕉吧！"波莉对妈妈说。

妈妈没有因为波莉的介入而责备她，反而温柔地同意她加入游戏。妈妈的注意力转向了波莉，乔安妮自然变得很沮丧。而且，不管乔安妮做什么，波莉都会学着做，最后乔安妮愤怒地冲着她大叫了起来。妈妈非常生气地教育乔安妮，而波莉则高兴地坐在妈妈的膝盖上。乔安妮被她的小妹妹打败了，尽管这次妈妈没有意识到这是手足之争的一种形式。

在有的家庭里，当哥哥姐姐取得的成就吸引了父母的注意，迎得了父母的喜爱时，弟弟妹妹会非常嫉妒，从而与哥哥姐姐爆发冲突。有的学龄前儿童在哥哥姐姐开始上学时会感到很沮丧。下面事例中的主人公本吉就是这样。

早晨，当所有人都在为哥哥乔尼上学而忙来忙去的时候，本吉站在一旁，很不高兴，因为他觉得自己被忽视了。当乔尼放学回家后，大家又会激动地谈论乔尼在学校发生的事情。妈妈觉得她必须尽快找到方法，让本吉觉得自己也是特别的。

随着孩子们慢慢长大，有了新的经历和挑战，竞争的形式也会发生变化。

第二个孩子面对冲突时的表现

随着第二个孩子不断长大，他在和哥哥姐姐发生冲突时的行为表现也会发生变化。请看下面的例子中14个月大的本在和2岁半的哥哥丹发生冲突时的行为变化。

本14个月大的时候，哥哥丹从本的手中夺走了玩具汽车，并对着本大喊："这个是我的！"本哭了起来，他望着妈妈，举起双臂想要妈妈抱抱他。

本18个月大了，他正在客厅玩气球。一会儿，哥哥丹走了过来，把本的气球抢走了，并说："我要这个气球！"本开始大叫起来，然后他望着妈妈的同时指着丹，不停地摇头。接着，他跑向丹，并开始用力地打丹。

本21个月大了，他正在自己的房间里玩纸盒。哥哥丹走过来对他说："这个盒子是我的！"说完，丹就把纸盒拿走了。于是本对着丹大声喊道："不行！"接着，他跑到了丹的房间，把丹搭好的积木推倒了，还捡起了原本放在积木上的玩具小人，并把它们统统扔出了房间。

本在14个月、18个月以及21个月大时的行为变化，反映了他对哥哥的攻击行为以及如何从妈妈那里得到帮助等方面的认知与理解的一系列重要变化。在21个月大时，他已经知道拿走丹的玩具会令丹生气。在第二个例子中，本让妈妈注意到丹的行为的做法，既反映出了他希望获得妈妈的帮助，又反映出他比自己14个月大时更擅长向妈妈寻求帮助。

2岁的孩子就已经对哥哥姐姐违反规则的行为相当确定，请看下面这个例子。

3岁半的蒂姆（哥哥）正在吃饼干，妈妈看到后对蒂姆说：

"蒂姆，没有我的允许，你不能随便吃饼干！"
"我就要吃！"蒂姆说。
"蒂姆，你这样做是不对的。"妈妈说。

2岁的吉尔（妹妹）看到了这个情景，就把身旁的抱枕扔向了蒂姆。抱枕刚好砸中了蒂姆的额头，于是蒂姆哭了起来。妈妈对此非常惊讶，因为吉尔一直都非常乖巧听话。妈妈问吉尔：

"你为什么要打哥哥？"
吉尔说："因为他是个坏孩子。"

这个例子非常特别，因为例子中的蒂姆和吉尔平时关系很好。吉尔几乎从未向蒂姆做出过攻击行为或表达过敌意，蒂姆对吉尔也很友好。在这个例子中，吉尔的行为表明，她认为哥哥未经妈妈允许就吃饼干的行为违反了家庭规则。

第二个孩子对哥哥姐姐的愿望、意图以及对家庭规则的理解的变化，与其在与哥哥姐姐争吵、打架时所表现出来的愤怒、焦虑等情绪方面的变化有关。在14个月大时，大多数孩子会在哥哥姐姐把他们推倒或拿走他们的玩具时大哭；到18个月大时，他们就极有可能还手。事实上，他们往往是先动手的一方，挑起兄弟姐妹间的冲突，并将其发展为身体攻击。而第一个孩子很难想象，这个曾经弱小的小家伙如今竟会成为一个令他头疼的对手，而且很少会受到父母的责备。到第二个孩子2岁的时候，他们不仅会对哥哥姐姐表现出身体攻击，而且还会在因玩具或他人而心情不好或遭遇挫折时表现得更加暴力。他们可能会通过乱扔物品、毁坏玩具、咬自己发泄自己的愤怒情绪。

这些情绪方面的变化与第二个孩子对如何惹怒、打扰或阻挠哥哥姐姐的理解也有关。例如，当第一个孩子抢弟弟妹妹的玩具时，1岁大的宝宝只会表现出难过，18个月大的宝宝则会表现出挫败感，而24个月大的宝宝则会因哥哥姐姐对自己的所作所为而感到愤怒，会产生前所未有的报复心理："我要回到他身旁，然后打他。"

当孩子们逐渐长大，攻击行为的本质也会发生变化。小时候，兄弟姐妹间的大多数冲突会以推搡、抓头发之类的行为而结束，而到第二个孩子3岁时，当他和哥哥姐姐发生冲突，你可能会发现，他不仅在取笑和故意打扰哥哥姐姐方面变得越来越有经验，而且解决问题的能力也开始提高。你可能会看到双方都在做出让步，为达成一致的意见而协商，并提出有效的解决办法。此外，还有一个方面发生了改变，即从只会说一些简单的、禁止性的短语，比如"住手！""不要！""闭嘴！"，到会说一些具体的、命令式的要求，这些要求可以使他们根据双方共同协商的规则来及时纠正自己的行为，比如"那个玩具车是我的，你的是黄色的""轮到我了，你已经玩过一次了。妈妈说我们必须学会分享"。

即使是2岁的宝宝，也会偶尔表现出协商的技巧。当然，这在小宝宝身上还是十分罕见的。重要的是，在一场争吵中，孩子们开始发展辩驳与争论的能力，他们可以利用这种能力表达自己的观点。当然，妈妈们总是在争论中扮演协调者的角色，她会鼓励每个孩子试着去理解另一个孩子的想法，试着学会保持耐心，试着去理解对方的行为。

兄弟姐妹间的冲突和矛盾不仅体现了孩子们之间相互理解的程度，而且也是培养、发展这种相互理解能力的契机，它可以为孩子们提供学会掌握家庭规则的环境。就这方面而言，冲突和争吵中的协商与辩驳是十分重要的。

为什么兄弟姐妹会打架？

◆ 个性冲突

如果兄弟姐妹之间对彼此产生了愤怒和敌意，他们通常会立刻表现出来。除了为了争夺父母的爱，还有很多原因让兄弟姐妹看不惯对方，比如因个性不同引发的冲突要比因争夺父亲的注意引发的冲突多。兄弟姐妹是不能自己选择的，他们因为血缘关系而要长期相处下去，彼此间过度的熟悉和强制的亲密会引发很多矛盾和摩擦。如果他们的兴趣和处事方式相互冲突，也会因此经常带来一些麻烦。我们在关于兄弟姐妹关系的研究中，发现个性明显不同的兄弟姐妹之间会更频繁地争吵，有的甚至达到了水火不容的地步。

"他们一打架我就心情很糟。通常，他们一开始只是刺激对方，不停地斗嘴，过一会儿其中一个就会发火，接着两个人就打起来了。当罗宾放学刚回家的时候，他们最容易打架，我想可能是因为那个时间段他们都累了，容易心情不好。每天都看到孩子们打架，这让我很崩溃。"

——6岁的罗宾和3岁的查理的妈妈

◆ **感到无聊**

一些孩子挑衅兄弟姐妹、和对方吵架是因为自己觉得无聊。比如，如果一个孩子成功地激怒了他的妹妹，那妹妹很有可能反击，爸爸妈妈就会批评妹妹。一位研究幼儿攻击性行为的心理学家（也是一位妈妈）发现孩子之间的冲突常常是因为活泼好动的哥哥姐姐故意激怒弟弟妹妹引起的。当年长的孩子投入到他感兴趣的事或家里发生了令人兴奋的事情时，他就很少会因为感到无聊而这么做了。我们往往会把孩子之间的打闹看得很严重，但是对于孩子而言，这可能只是一种活动而已。

◆ 争夺所有物

5岁以下的孩子还不懂得分享，他们对自己的所有物有强烈的占有欲，很难忍受与人分享。通常情况下，从4岁开始孩子对所有物的占有欲会有所下降。对于分享，不同的孩子有不同的理解。美国著名儿童心理学家路易丝·埃姆斯在《他先打我的》（He Hit Me First）一书中解释了让2岁半的孩子分享是多么不可能。

"通常，2岁半的孩子对他以前玩的、正在玩的、将要玩的东西有强烈的占有欲。这种疯狂的占有欲非常强烈，别人很难阻止他。我们曾经在玩具间观察2岁半的汤米，他的小推车里满满地装着玩具，他张开双臂保护着地上堆着的其他玩具。只要弟弟道格尝试碰汤米的玩具，无论是小推车上的玩具还是地上的玩具，汤米都会生气地对道格大喊：'这是我的！'当然他也没能玩任何一件玩具，因为他忙着看管自己的玩具。"

如果汤米和道格是我的孩子，我可能会问汤米"有什么其他玩具可以给道格玩？""很快就轮到道格玩了"，或"但是道格需要那个玩具"。正如路易斯·埃姆斯所说，如果幸运的话，这样做是有效的。如果你有一个2岁半的孩子，让他学会分享是很难的，他们对自己的所有物有很强的占有欲。

◆ 空间和规则引发的问题

　　兄弟姐妹间关于争夺空间的争吵和关于争夺所有物的争吵很相似。一个孩子可能抱怨另一个孩子做了妨碍他的事，如坐在他的位子上、进他的房间、和他离得太近、触碰他的东西，甚至看他的照片。第一个孩子和朋友在一起的时候，如果弟弟妹妹在旁边待着可能会激怒他。此外，家里制订的相关规则，很难保证让每个人都满意。所以，有的孩子会说"为什么要我去帮忙而不叫他帮忙？""他的房间比我的还乱，为什么只让我收拾？"

◆ 控制感作祟

　　兄弟姐妹之间的"战争"经常源于一些琐事。

　　"我要坐汽车的前座！"
　　"他拿的那块饼干是我想要的！"
　　"我要看另一个电视节目！"
　　"他总是能用有圣诞老人图案的杯子喝水，我就很少有机会用那个杯子喝水！"

　　孩子赢得这些"战争"，意味着表达了自己的主权和控制感，这对孩子来说可不是一件小事。通常当第二个孩子感到自己是家里最小的成员、哥哥或姐姐常常控制他时，会有这些抱怨。

◆ 疲惫和饥饿

疲惫、饥饿、生病也是经常引起兄弟姐妹争吵的原因。如果一个孩子很累、很烦躁，他会将负面情绪发泄在谁身上呢？当然是他的兄弟姐妹身上。在疲累的时候、在吃饭前，孩子们更容易争吵，就像丈夫和妻子也更可能会在这些时候吵架一样。

对于兄弟姐妹为什么会争吵，其实没有唯一的答案。首先，可能是直接、具体的原因导致的，如有的孩子看到另一个孩子拿了他的书；其次，可能有对权利、地位的争夺；此外，还有可能是为了争夺父母的关注与爱。你需要发现他们争吵的根本原因，理解冲突背后的动机，帮助你找到解决问题的方法。

◆ 家庭环境的影响

有证据表明，如果家庭出现较重的经济压力和情绪压力，孩子间的争吵和攻击行为会更加普遍。两者的因果关系尚不明确，但可能是父母生活的压力和紧张使得他们面对孩子时更容易生气、很难放松导致的。大多数父母知道他们的愤怒情绪会影响孩子对待父母及兄弟姐妹的态度，正如剑桥大学的研究提到的一位妈妈所说的：

"有时他们会争吵、打架，对彼此很刻薄。我注意到我的情绪和他们的行为有很大的关系：当我一切顺利、心情很好时，我可以笑着把他们分开、安抚他们；但当我遇到不顺心的事、心情不好时，我会令一切更糟，通常我们三个到最后都大喊大叫起来。"

这是个很生动的例子。

早期兄弟姐妹间理解能力的发展

早期兄弟姐妹的关系向我们展现了孩子们对彼此的理解能力。从一个孩子对另一个孩子的友好行为和攻击行为中我们可以看出孩子们已经开始学会理解情绪、意图和别人的需求以及家庭规则。当孩子关心兄弟姐妹的痛苦情绪，给彼此拿想要的物品，能够温柔地安慰彼此时，就表明孩子们已经能够理解他人的情绪，并开始学着用实际行动安慰他人。在兄弟姐妹出现冲突的情境中，很明显，孩子们通常都很清楚怎样能够激怒对方。下面是在我们的研究中观察到的孩子的挑衅行为。

3岁的安正在玩泰迪熊，这是她最喜欢的玩具了。她正在厨房用椅子和衣服为泰迪熊搭"小帐篷"，她的弟弟埃里克看到了。5分钟后，安和埃里克在客厅为了抢一辆玩具车打了起来，最终安抢走了这辆玩具车。埃里克非常生气，他跑到厨房，把安刚才搭的"小帐篷"弄翻了，还把安的泰迪熊扔到了地上，安气得直掉眼泪。

艾利和安德鲁的妈妈在客厅和客人说："艾利都5岁了，

居然被一个蜘蛛玩具吓哭了。"

安德鲁听到后，在家里翻箱倒柜，找到了那个蜘蛛玩具。然后，他跑到艾利的房间，把蜘蛛玩具扔到艾利的头上，艾利被吓哭了，而安德鲁则在一旁哈哈大笑。

安德鲁和埃里克都只有16个月大，这是一个心理学家普遍认为孩子对别人的愿望和感受还完全没有概念的年龄段，但他们的行为说明他们完全懂得如何激怒哥哥姐姐。

为什么这么小的孩子就能理解哥哥姐姐的情绪呢？为什么他们在2岁前就懂得如何激怒和取悦哥哥姐姐？首先，这可能因为孩子们之间非常熟悉，他们每天都在家里看到对方，彼此的反应和行为天天都看在眼里；其次，第二个孩子能频繁地激怒和取悦兄弟姐妹，说明他们对自己的情绪是如何产生的非常了解，他们很清楚自己为什么会愉快、生气和恐惧；第三，兄弟姐妹在玩耍、交谈和打架时，了解对方的情绪很重要，兄弟姐妹间强烈的冲突、嫉妒和喜欢，对孩子理解兄弟姐妹的情绪和意图具有重要的意义。

在家里打架并不意味着在外面有攻击性

一个鼓舞人心的研究发现，在家里打架的孩子在外面不一定会表现出攻击性。如果你的孩子对兄弟姐妹不断表现出好胜心和嫉妒心理，而且并不太关心是否伤了对方的心，这也不意味着他会成为一个喜欢伤害他人、不考虑他人感受的人。家庭对孩子来说是获得温暖和安全感的港湾，也是他们能够最自在地表达自己感受的地方。有的孩子对弟弟妹妹充满了竞争感和敌意，而在外面却有很好的朋友。他们可能是喜欢社交的孩子，其他孩子很喜欢和他们一起玩。他们可能有些好争辩，但这并不会妨碍他们与其他孩子发展友谊。

但是，这不意味着你可以放任不管，你需要教育他们，不管在家里还是在家外，他们都应该成为能替他人考虑的善良的人。情绪失控对孩子的成长是很不利的。如果你能引导他们正确面对兄弟姐妹间的对抗和竞争而不至于情绪失控，这对孩子的发展是很有益的。

争吵会逐渐减少

研究表明，随着孩子年龄的增长，兄弟姐妹发生争吵的情况会逐渐减少（虽然你会感觉这个过程很漫长）。兄弟姐妹间的争吵通常在5岁以下的孩子中最频繁、最激烈，之后争吵行为会明显减少。到两个孩子都上学后，他们会有更多的朋友、参与更多活动，因此会分散他们对彼此的关注。慢慢地，他们会学会更公平地处理争吵，而且也越来越能控制自己不攻击对方了。

更值得欣慰的是，很多经常与兄弟姐妹打架的孩子对待其他人是非常友好、善于合作的。而且，当兄弟姐妹间未发生打架和争吵的时候，他们会一起玩游戏，并且很喜欢有对方的陪伴。

有益的竞争

竞争有很多形式，其中有许多是我们的文化所提倡的，比如父母会鼓励孩子在运动比赛和考试中积极竞争。当孩子在竞争中获胜的时候，父母会表扬他。竞技运动会吸引很多人观看，人们会热忱地关注自己支持的队伍的成败，也有崇拜的体育英雄。我们鼓励孩子参与竞技比赛，努力获得自己的成就。孩子通常会很快学会这种竞争。

把自己与他人比较不仅是我们文化的特点，也是人类学习和互动的重要特征。孩子们在很小的时候就开始把自己和其他人尤其是兄弟姐妹进行比较。记得我们在第八章提到的安迪吗？他在2岁半的时候就把自己和妹妹进行比较，即使他比较的方式是不恰当的。当孩子们一起玩的时候，不管是学龄前儿童还是更大一点儿的孩子，他们会与做同一件事情的孩子相互竞争，会与做得最好的孩子相互竞争。即使两个孩子正在做一些最平常的事，比如做小饼干，他们也会彼此竞争，比比谁做得最好、最大或最小、最有趣。有时他们似乎认为世界就是充满竞争的，自己应该不停地与别人比较。

竞争的内驱力能够使孩子追求卓越，也能使他们从成就中获得快乐。这是他们建立自信的一种方式，尽管不是唯一的方式。家长可以鼓励这种形式的竞争，但是我们应该防止过犹不及。最理想的状态是鼓励孩子发展自己的特殊才能，但不要过于关注这些成就。给予支持是好的，但不要让孩子觉得父母重视他仅仅是因为他的成就；也不要鼓励兄弟姐妹之间的竞争，毕竟孩子要面对的竞争已经够多的了。

另外，孩子也要在竞争中学会如何面对失败，因为他不可能总是获胜者。要让孩子学会积极处理失望的情绪，学会正确面对在一场重要的竞争中失利的情况。这很不容易做到，尤其是当胜利者是自己的兄弟姐妹的时候。对于孩子的失败，你的冷静和积极的支持是孩子最需要的。有的家庭中，一个孩子可能看起来总是处于失败的局面。对于家长来说，看到孩子沮丧和失望是很痛苦的。随着孩子逐渐长大，他越来越意识到自己在家里不是成功者，会对自己的失败越来越不安。你可以通过分析他的优点帮助他建立自信。鼓励他多与朋友一起玩，或追求自己的特长或爱好，这些都能够帮助他建立认同感和自信，而不是因为心目中那个讨厌的、总是能够成功吸引大家注意的兄弟姐妹而感到沮丧。

在争吵中学会理解他人

孩子们会通过争吵解决日常的分歧，争吵是他们学习沟通、让步、达成和解的方式。对于反复听到"轮到我了！""不，轮到我了！"这些话的疲倦的妈妈们来说，似乎孩子们除了争吵什么也没有做。但是，这些争吵能教会他们许多东西，即使他们并不会对彼此做出让步。至少，他们能学会理解人和人之间有不同的观点，并且知道应该考虑别人的观点。他们也学会了怎么做会让别人生气和沮丧，以及做什么会让别人高兴。当然，对于学到的这一切，孩子可能用来做好事，也可能用来做坏事，不一定对兄弟姐妹都是有利的。作为父母，你要做的是尽力让孩子利用学到的东西做好事。你可以从帮助他们学会妥协开始，帮助他们成长。

减少冲突的方法

如果孩子们之间的冲突能够少一些，家里的每个人都会更快乐。下面有一些可以让你的家庭生活变得更和谐的建议。

◆ 不要给孩子贴标签，不要把孩子与其他人作比较

比如，你可能会说你的孩子是焦虑的孩子，或者是运动健将，等等。有些标签我们认为是积极的，但是孩子可能不那么认为，而家中的另一个孩子可能会觉得自己相较之下受到忽视了。当你给家里的一个孩子贴某些标签时，比如小丑、笨蛋、懒虫、瞌睡虫等，你会感觉很可爱，但是被贴标签的孩子可能会感到不舒服。随着他逐渐长大，兄弟姐妹可能会恶意地用这一标签来称

呼他，并关注他每一个笨拙、滑稽或粗心的行为。

如果你发现孩子受到了这种伤害，可以试着做两件事。首先，把欺负人的孩子叫到一边，告诉他反复提到另一个孩子的某个特点会伤害他，这是不公平的；其次，当被贴标签的孩子做出积极的事的时候，一定要表扬和鼓励他，因为他需要足够的安慰来抵消来自兄弟姐妹的攻击和嘲笑。

另外还要记住，如果你经常拿孩子们作比较，也可能会伤害孩子们。大多数家长知道拿孩子们作比较是不明智的，至少不能当着他们的面作比较，但是，不进行比较是很难的。如果一个孩子是乐于助人的、爱合作的、有礼貌的，而另一个孩子不喜欢帮助别人，家长很难不指出另一个孩子的问题。

一位有两个孩子的妈妈说，她每天下班回家都很累，而她的小女儿经常会自觉地帮她做饭或收拾桌子，她们还会很愉快地聊天；大女儿却从来不会帮忙，当然妈妈就会抱怨她，也不可避免地会表扬小女儿。比较不可能有用，此时大女儿会抱怨妈妈偏爱妹妹：

"她总是用甜言蜜语得到妈妈的青睐。"

后来，妈妈渐渐意识到她应该在小女儿不在身边的时候鼓励不满的大女儿帮助自己。

无论如何，你应该尽量避免孩子间关于外表、学业成绩、才能及取得的其他成就等方面的比较。亲戚朋友对孩子们的比较已经够令人头疼的了，比如他们可能经常会说"你有一个聪明的妹妹！""你什么时候能像你的弟弟一样成为一个棒球明星呢？"甚至还有亲戚会说"哥哥继承了我们家的智商，而妹妹继承了你们家的智商"。这样说容易让孩子觉得受到了伤害。如果你的两个孩子年龄还比较小，一个处在学龄前期，另一个处在婴幼儿期，你可能会认为这并不重要。但事实并非如此：孩子们在很小的时候就知道自己是谁、自己的优点和缺点。

佩妮与哈里的妈妈在大女儿佩妮面前说：

"哈里是个多么容易相处的孩子啊，要是我再有一个像佩妮这样的孩子，我可能就要疯了！"

"他们完全不同。我可以把哈里放在一边，到时间喂他就可以了；但佩妮总是精力旺盛，她会忙个不停，让我一直抓狂！"

记住，学龄前的孩子很容易理解这些信息，并且会注意到你描述弟弟妹妹时的温柔口吻！

当你和丈夫为一个孩子感到骄傲的时候，另一个孩子是能感受到的，这会引发他的嫉妒。注意到孩子的优点是好的，但是一定要记住，要平均地表扬两个孩子。

◆ 在第二个孩子明显赢不了的时候保护他

如果你的第二个孩子意识到他没有哥哥姐姐强壮或引人注目，你可以告诉他，他以后长大了就会变得更高、更大、更强壮，并且能做所有哥哥姐姐能做的事情。我们在前面的章节中提到，孩子喜欢听自己小时候的故事，其实他同样也喜欢听长大后可能会发生在自己身上的事。你可以把这两种故事放在一起讲给他听，比如："去年这个时候，我们去了奶奶家，你那时候特别小，在泳池里还骑在我的背上，还记得吗？今年夏天你就可以去那里的儿童泳池了，明年或许你就可以自己游泳了！"

◆ 让第一个孩子带着弟弟妹妹一起做事

弟弟妹妹们通常很崇拜哥哥姐姐，至少在他们出生后前几年是这样的。如果你能说服第一个孩子教弟弟妹妹搭积木、扔球或爬，他们双方都会感觉很好。

当6岁的乔安妮与4岁的妹妹波莉因抢着玩秋千而争吵时，爸爸想到了一个主意——让波莉问乔安妮如何给自行车打气。乔安妮对自己的高超打气技能感到很骄傲，当她给自行车打气时，波莉全神贯注地看了五分钟。

一起做事情会增进两个孩子之间的感情，也有利于第一个孩子建立自信。

◆ 保证第一个孩子有玩耍的个人空间

如果还处于学步期的小宝宝总是试图加入哥哥姐姐的游戏，你需要保护第一个孩子的权益。如果第一个孩子刚要开始玩游戏或搭好积木，小宝宝就来捣乱，这对第一个孩子来说是不公平的。你可以和第一个孩子说"他太小了，他不是故意破坏你的游戏的"，但这是不够的。你最好把小宝宝带到其他地方，以保证第一个孩子有玩耍的个人空间。你可以提前考虑到小宝宝可能会出现的干扰行为，并在他搞破坏之前把他带走。

◆ 建立规则

有的父母希望孩子在权利受到侵犯的时候能够自己站出来，而有的父母则更重视孩子要懂礼貌和学会分享。当孩子们争吵的时候，明确表明你的态度是非常重要的。这样，孩子们就知道他们是否应该停止这样的行为。最重要的是，你要跟你的配偶讨论出现的问题，并达成一致。如果父母对孩子什么行为是允许的、什么行为是不允许的意见不一致，孩子们很快就能觉察出来，就更不知道怎样做才是正确的了。但你要注意，不管你对礼貌的理解是什么，一定要坚持不要让孩子打架的准则。

里克有两个孩子，一个5岁，一个4岁，他就很清楚应该对什么问题持强硬的态度：

"最明确的规则是不准打架。不管是谁先动手的，打架是绝对不行的，没有例外！故意伤害对方也是被绝对禁止的。我们会阻止恶意给对方起外号的行为，但这的确很难确定界限，因为有的时候起外号只是为了好玩，而且也并不伤害感情。然后就是鼓励分享，但我并不要求他们什么都要彼此分享。我也教给他们可以轮流玩的规则，他们很重视这条规则。"

当你建立规则的时候，记住规则要简单、具体。模糊的警告是没有用的，如"友好一点儿""一起好好玩儿"；相比之下，"不准打架"更有可能是有效的。一定要让两个孩子都遵守规则，比如，你可以对他们说"你们两个可以一起把房间整理一下"或"你们两个可以轮流做"。

◆ 学会分享

让孩子学会分享是非常重要的，但是对每个孩子来说，拥有自己的所有物也是非常重要的，比如能够代表他们成长的东西。对孩子来说，学会分享的难易程度很大程度上取决于他们的年龄。18个月至3岁的孩子通常很难做出分享的行为。不要强迫18个月大的孩子学会分享。

如果孩子们的年龄很接近，并且讨厌彼此分享物品，那你就同样的东西都买两份。我在我的双胞胎身上吸取了教训：我曾经在出差回来的路上，花了几个小时为他们选了两个不同的玩具汽车作为礼物，但后来我发现，他们因为喜欢同一个小汽车而引发了矛盾。如果你的两个孩子性别不同，那就好办多了。你的儿子不太可能会喜欢姐姐或者妹妹的物品，你的女儿也不太可能会想要哥哥或弟弟的玩具。

为每个孩子安排一个属于自己的空间存放他们的所有物，尤其是当他们住在同一个房间的时候。这个空间可以很小，比如一个小箱子、衣柜的一个抽屉，这会让孩子认为这个空间是专属于他自己的，也会因此形成对它的责任感。

你可以让学龄前的孩子自己决定要不要和别人分享自己的东西，比如你可以说"我有一套玩具给你们，你们要怎么分享呢？"当孩子们开始分享的时候（他们通常能学会分享，至少能分享饼干和糖果），你要用表扬来强化这种行为。你也可以指出分享的好处，比如你可以和他们说："如果你们一起玩这套积木的话，就可以很快搭好一座城堡了！"

但是，当孩子们不愿意分享的时候，不要失望！对大多数年龄偏小的孩子来说，主动与他人分享是很难的。当他们表现出关心彼此以及自发的分享行为时，你要给予表扬，支持他们的这种行为。

◆ 不要用自己过去的经历评判孩子们

有的家长可能有类似这样的想法："她和我小时候的处境简直一模一样，我不想让她像我当年一样忍受哥哥的'欺负'！"

不要以你小时候发生的事来衡量孩子们之间发生的事，这对孩子们并没有好处。重要的是孩子本身的个性和感知。即使你的童年经历和孩子们的现状可能会有相似之处，但是你的女儿是她自己，不是你小时候的翻版，而你的儿子也不是你哥哥小时候的翻版。

◆ 父母要学会保持良好的情绪

无论如何，父母应该学着更包容、更放松，遇到问题可以向配偶或自己的父母寻求帮助，注意不要在家还想着工作，保证充分的休息时间，积极解决婚姻中出现的问题，以上做法都可能缓解孩子间关系的紧张。

是否要介入孩子们的纷争？

孩子们之间的争吵通常会让你感到非常痛苦，也会导致在争吵中输的一方感到难过。虽然你可能特别想介入他们的争吵，但是最好还是不要参与。即使你是一个优秀的"侦探"，可能也无法确认谁是责任方，因为通常兄弟姐妹之间的争吵原因很复杂。你的参与会让双方都想让你站在自己那边，反而可能会导致更多的争吵。此外，如果你总是为他们解决争吵的问题，他们就无法学会自己处理了。

但是，当孩子们看起来要失控的时候，你应该教他们好好说话，并鼓励每个人都从对方的角度考虑问题。你可以问问每个孩子，如果他自己被人嘲笑、起外号或抢了玩具，会有什么感受。记住你的最终目的不是让孩子认为他需要你的帮助才能解决与兄弟姐妹的矛盾。

有人反对父母介入孩子之间的争吵，认为父母的介入会强化孩子间的争吵行为。我并不完全赞成这种说法。因为这种说法的假定是，孩子们争吵的主要目的是获得父母的关注，但是在第二个孩子出生一个月内，这种情况并不常见。

不介入孩子们的争吵，说起来容易做起来难。那些忍不住想干预的家长，最终会发现让两个孩子都满意是很难的。当然有很多情况你不能不管，比如出现身体攻击（见第九章）、严重的语言攻击，或他们一方或双方失去控制，自己无法冷静地解决问题。有时一味地让孩子们自己解决问题，可能意味着对欺负和嘲笑行为坐视不理（见第九章）。

如果你想要介入孩子们的纷争，你要帮助他们理解对方、学会相互交流，鼓励他们自己处理问题。以下是一些具体方法。

同时听取两个孩子的想法，而不要只听一面之词，即使"受害者"很明显。你的言辞要保持中立，例如你可以说"啊？""嗯""依我看……"来表明你不偏袒任何一方。

试着让孩子们自己想办法解决问题，找到一个对双方都公平的解决方案。你可以说："你们需要自己解决""你们打算怎么解决呢？"如果他们做不到，就将他们分开，但是不要责怪其中的任何一方。你可以说："你们俩都回到自己的房间里，这样就可以停止争吵了"或"既然你们现在不能好好相处，那就分开10分钟"。如果第二个孩子仍处于学步期，你也要用与大孩子讲话一样的方式和他说话，这样第一个孩子就会知道你并没有偏袒弟弟妹妹。如果两个孩子共用一个卧室，你可以让他们暂时分开，例如，让一个孩子待在厨房，让另一个孩子待在客厅。他们当然不喜欢这样，你可能会发现他们两个会联合起来反抗你，但至少他们不再争吵了，而且他们开始认为彼此是一伙的！

如果他们吵得太过分，你可以使用暂停策略，即把他们赶回到他们自己的房间，或让他们安静地坐在椅子上，待到计时器响起，或孩子们听得进道理、不使用暴力时，才能自由活动。计时器对很多孩子来说特别有效。即使是那些完全失去控制、因生气而变得疯狂的孩子，他们也会冷静下来，这样你就不必过多介入孩子们的争吵了。

尝试角色扮演或角色互换。当孩子们发生争吵时，让第二个孩子扮演哥哥姐姐、第一个孩子扮演弟弟或妹妹。通过角色互换，每个孩子都能够体会到对方的感受。这个策略对于情绪没有太失控的4～6岁的孩子特别有效。

如果某一个物品总是会引起孩子们的争吵，那么一旦他们开始争吵，你就把这个物品没收一段时间（半个小时或更长）。

总之，你介入的目的是帮助孩子们理解对方、学会相互沟通，鼓励他们自己处理问题。如果他们做不到，就将他们分开。

与孩子们进行一对一的谈话

如果你想跟女儿谈论她为什么经常欺负弟弟，你应单独和她谈话，并注意避开你的小儿子，否则弟弟可能会因为姐姐陷入麻烦而笑话她。当你跟女儿单独在一起的时候，她更有可能告诉你自己的感受。如果她告诉你她讨厌弟弟，不要立刻否定她的情绪，不要简单地说："不要这样，他是你弟弟，所以你要爱他！"如果她不讨厌弟弟，她就不会跟你谈论这些。试着找出她生气的原因，看看你是否能就此做些什么。

做一个争吵记录表

如果孩子们经常争吵，你可以试着列一张记录表或写成日记，记录下争吵发生的时间、原因，以及孩子们开心地一起玩耍的时间。你会发现，他们大多数情况下都能很好地相处，这会让你很欣慰。你可以从中发现争吵发生的特定时间点，分析引发争吵的原因，这样你就可以采取预防措施，减少他们吵架的可能性。

如果他们总是因抢电视节目频道而争吵，你要确保其中一个孩子在该时间段有其他他感兴趣的事情可以做。

如果争吵通常发生在睡前或饭前，这说明疲劳和饥饿带来的情绪变化促使他们更容易发生争吵，你可以给孩子们健康的零食来抵消饥饿感，并确保他们不会太累，这时候你也可以让他们分开一会儿。

孩子们争吵不是妈妈的错

与妈妈相比，有些孩子出于各种原因会更愿意顺从爸爸。这可能因为他们习惯了听妈妈说"不"，而爸爸则会经常与他们玩有趣的游戏，并不会一直在他们身边约束他们。如果你家是这种情况，不要让你的配偶或亲戚埋怨你是个不称职的母亲。孩子们可能会因为我们之前讨论的任何原因而争吵，孩子们不受约束的原因不可能是你同情心泛滥、放任孩子、不称职这么简单。正如路易丝·埃姆斯在《他先打我的》（He Hit Me First）一书中所说："所有年龄的孩子都会冲着妈妈发脾气，对妈妈的态度比对其他人的态度更差。"自己带大孩子的父亲，或高度参与孩子生活的父亲，也有着这样的经历。

兄弟姐妹之间的争吵似乎是琐碎且无休止的，对家长来说特别气人。本章中给出的建议供参考。或许，最重要的是保持幽默感，要知道，这些争吵会慢慢减少的，你要有信心。

本章总结

- 不要对比和给孩子贴标签，这只会让事情变得更糟糕。
- 保护第一个孩子免受太多的侵犯，给第一个孩子一些空间和隐私。
- 适时离开。如果你的孩子在5～6岁甚至更大，远离他们的争吵。

●让孩子们有事可做。孩子们之间的很多争吵是因为他们觉得无聊。让他们积极地参与自己感兴趣的活动，能够减少争吵的发生。

●在争吵开始前把他们分开。孩子们之所以争吵，可能是因为他们待在一起的时间太长。

●对他们一起玩耍和合作的行为提出表扬。如果你的第二个孩子处于学步期，你可以帮助（尽量悄悄地）、支持他与哥哥姐姐一起玩游戏，并对孩子们提出表扬。效果好的话，你可以退出来让他们自己玩。

●不要介入孩子们的争吵。如果你想在孩子们的争吵中扮演裁判的角色，那么你可能会让他们的争吵升级。

●如果要介入孩子们的争吵，要尽量简单化处理且不偏袒任何一方。尽量让他们自己解决问题。如果你觉得必须介入，你可以把他们分开但不要责怪他们。

●记住，情况会越来越好。不要忘了，所有的争吵都是正常的，这不是你的错，而且孩子们争吵的次数会随着时间的推移慢慢减少。同时，你不要一直和他们待在一起，留一些空间给孩子，也留一些空间给自己吧。

第九章

应对孩子们出现的问题

兄弟姐妹间的暴力行为

你可能会因为孩子们互相踢对方、伤害对方的行为而烦恼，但并不是只有你的孩子会这样做。美国的一项大型研究发现，半数以上的孩子对兄弟姐妹都做过以下行为中的一种：踢，咬，用拳头打，用东西打，暴打，使用刀甚至枪攻击对方。随着孩子逐渐长大，暴力行为的确在减少，但速度缓慢：3～4岁是孩子对兄弟姐妹实施暴力的高峰期，一直到5～6岁，暴力行为还很常见。孩子们之间发生暴力行为的原因是随着时间而变化的。如果你问你的孩子是如何试图让兄弟姐妹去做自己期望的事，那你很有可能会听到一些令人不安的暴力策略。有暴力倾向的孩子并不少见，这或许在某种程度上意味着你的失败或者未尽到责任。你必须要知道孩子的暴力行为是不可以被接受的。

兄弟姐妹间发生暴力行为的原因会随着孩子年龄的不同而发生变化。

凯特琳3岁时，弟弟柯克出生了，她对弟弟的身体攻击主要与母亲有关，是她感到被排挤和不被关爱的情绪的表达。现在，柯克2岁，凯特琳5岁，当柯克从凯特琳的私人玩具箱里拿走她最喜爱的玩具或破坏凯特琳用整个早上搭建的"城堡"时，凯特琳会直接对柯克发火。

这是他们姐弟俩特有的相处方式。凯特琳的攻击行为是出于她对弟弟的愤怒，而不是对母亲的愤怒。当然，嫉妒在任何年龄都会存在，并可能引发暴力行为。

其他因素也非常重要，比如凯特琳的不良情绪、感到疲惫、当天在学前班的不佳表现以及妈妈对她的行为做出的反应，都会在柯克打扰凯特琳时，加剧凯特琳对柯克的愤怒，从而让凯特琳更有可能对柯克实施暴力。

凯特琳和柯克的妈妈安还描述了另一个典型的凯特琳暴力对待弟弟的例子。这件事是在凯特琳5岁、柯克2岁时发生的：

"凯特琳从学校回到家就心情烦躁、疲惫不堪，我发现并且感受到了她的情绪，心想：'真烦，她又是这种情绪状态。'所以，甚至在她没做任何事之前，我就被她激怒了。柯克正在自己玩，非常安静、快乐。凯特琳突然向柯克走去，使劲地掐他。柯克当然会大哭，我非常生气，立刻上前责备凯特琳。但我离开房间后，她又开始欺负柯克了。"

这次，凯特琳的易怒、对柯克的负面情绪和妈妈的反应共同导致了问题的加剧。之后，安意识到由于凯特琳个性易怒，在凯特琳欺负弟弟后，她对凯特琳的责备和生气可能让事情变得更糟糕。当回想起这一幕时，她说：

"我认为观察你自己的行为，也就是你实际对他们说了什么、做了什么是很重要的，而且当你对待他们的时候应该不带个人情绪。当凯特琳回家时，我应该给她更多机会，应该积极平等地对待她和柯克。"

这很难做到，尤其是当凯特琳在弟弟完全没有挑衅行为却对他施加暴力的情况下，但是安提出的控制情绪是非常好的观点。

尽量控制你的愤怒情绪

不要因你的情绪而让你和孩子陷入愤怒—暴力对抗的恶性循环。当孩子生气时，如果他有打人的行为，你尤其有可能对他产生愤怒情绪。如果孩子接收到你这种愤怒情绪他的暴力行为可能会变本加厉。

禁止暴力的规则必须应用于所有家庭成员。暴力的后果一定是消极的，如果孩子表现出暴力行为，你必须要坚决对他采取计时隔离、取消特权等惩罚措施。但请记住，最重要的是父母不应该有暴力行为，你们是孩子最重要的榜样。

随着孩子长大而变换策略

安注意到，在凯特琳通过对柯克施暴来表达自己对父母的愤怒的最初几个月，计时隔离是有用的策略。对此，她解释说：

"计时隔离一开始是有效的，因为她是为了表达对我们的愤怒才伤害柯克的。计时隔离会让她暂时与我们分开，所以就不会再有争吵。"。

但是，当姐弟俩冲突的根源来自柯克时，计时隔离就没用了，因为计时隔离不会让凯特琳对弟弟的敌意有任何缓解。这种敌意根源于凯特琳的嫉妒，只是常常由柯克的行为激发出来。计时隔离只能暂缓凯特琳敌意情绪的爆发。

真正让凯特琳产生快感的是掐、打、伤害柯克。这种通过伤害自己的兄弟姐妹而得到快乐的情况，孩子们表达得很真实。例如，凯特琳告诉妈妈："我就是想踢他！"，安十分清楚凯特琳在伤害柯克之后会感觉很好。这听起来让人非常不安，但是如果你的孩子也像凯特琳这样，你可以和他谈谈这些情绪背后隐藏着什么。

与第一个孩子谈论他的感受

与你的第一个孩子谈论他的感受是很重要的，这样你可以弄明白为什么他对兄弟姐妹产生愤怒情绪，并做出暴力行为。当然，让一个愤怒的、闷闷不乐的小孩子去谈论他的感受并不容易。你要试图寻找合适的时机，比如当你和他单独在一起时，如果他心情不错，你就可以和他谈谈了。

告诉有暴力行为的孩子他还是被爱的

每晚睡觉前，告诉你有暴力行为的孩子：爸爸妈妈是爱他的，他是可爱的，明天他不要再打妹妹或猫了。也要告诉他，他要学会用语言而不是用拳头处理愤怒情绪。

尝试其他策略

为了阻止5~6岁的孩子反复做出伤害他人的行为，有些父母采取了以下策略：

● 让兄弟姐妹互相画对方，想画多丑就画多丑。这可以让他们有机会以不伤害彼此身体的方式来表达自己的愤怒情绪。看到画中对方的丑模样，他们通常就笑了。

● 让他们互相扮演对方在争吵时的样子。这对正处于争吵中的孩子和开始相互身体攻击的孩子有帮助。

不要给打人的一方过多的关注

请记住，不要给欺负人的孩子过多的关注。很显然，即使你只是告诉他打人是错误的，也是在给予他更多的关注。相反，你要关注的是被欺负的一方。当谢丽尔打史黛丝时，你要对史黛丝说：

"你看起来很疼，快让我抱抱你。谢丽尔只是在表达她的情绪，她不是故意打你的。"

将冲突双方暂时分开

当兄弟姐妹的"战争"处于紧张阶段时，可以把他们强行分开，让双方在不同的房间冷静一下。必须阻止孩子之间任何可能会造成伤害的行为发生。有时把两个孩子分开半个小时就会奏效。

要不要让孩子道歉？

一些父母认为，打人的孩子应该认识到自己的行为是错误的，并通过道歉表达自己的内疚。然而，更重要的是教孩子学会真正地为他人考虑，让他意识到自己的一些行为会伤害别人。如果父母坚持让孩子立即道歉，通常只会让孩子抱怨，并可能让他更加愤怒。

我认为过分重视道歉存在很多问题，比如，强迫孩子道歉会让孩子感到内疚，但不会真正理解他们的行为到底造成了什么危害。此外，道歉会让孩子学会隐藏和伪装他的真实感受。因此，最重要的是鼓励孩子和你交流他内心的真实情绪，与孩子共同解决问题，而不是让他违心地道歉。

欺负者和被欺负者

"杰克总是嘲笑妹妹，还推搡她。通常妹妹会立刻找我们哭诉，她看起来非常可怜，但这只会让杰克变本加厉地欺负妹妹。"

——格雷格，5岁的杰克的爸爸

这个故事是不是听起来很熟悉？有时，兄弟姐妹间的冲突像是陷入了欺负者和被欺负者的恶性循环。一个孩子不断地欺负另一个孩子，而被欺负的孩子的可怜的、被动的反应似乎更让欺负者变本加厉。此时你要做的是不要养成指责和贴标签的习惯，在你给孩子贴上"欺负者"和"被欺负者"的标签前，要仔细想想以下几点：

第一，你可能并不了解事情的全部情况。很多成年人现在承认小时候他们常常挑衅和刺激他们的兄弟姐妹，直到其做出反击，然后父母就会认为这些做出反击的孩子是欺负者。其实，那时候他们的父母只是看到了事情的结果，而不了解事情的经过。

第二，给孩子贴上"欺负者"和"被欺负者"的标签，对缓和孩子们的关系并没有什么帮助。当你一直重复"不要做欺负者""你是个可怜的宝贝"时，事实上，你是在给他们分配欺负者和被欺负者的角色，这会让他们很难摆脱这些标签。

美国心理学家海姆·G·吉诺特在《孩子，把你的手给我》（Between Parent and Child：The Bestselling Classic That Revolutionized Parent-Child Communication）一书中推荐了一个方法，或许对你有帮助：把孩子视作你想要的那种孩子，而不是像对待欺负者那样大吼大叫，告诉孩子他应该通过语言说服对方，而不要推搡对方。让孩子知道他可以做得很好，他就会开始变得更好！

不要对孩子说："不要做欺负者，斯科特！"

而是试图告诉他："不要打架，斯科特，你知道该如何让凯蒂去做你想让她做的事，你也知道怎样做一个友好的人，从现在开始吧！"

如果凯蒂将斯科特定义为欺负者，你要试图告诉她斯科特好的一面："斯科特也知道如何表示友好。你可以试着去和他交流而不是对着他哭，他也会表现得很大方。"这有助于斯科特更好地了解自己。

不要同情受欺负的孩子，而是要告诉他，他比自己想象得更强大、更聪明，他可以避免被欺负。

总之，基本的原则是，不要给打人的孩子贴上"欺负者"的标签，并关心被打的孩子。

本章总结

- 不要打孩子。暴力会滋生暴力，你是孩子最好的榜样。
- 控制你的情绪。尽最大的可能控制自己的情绪。
- 把他们分开。如果他们正相互打架、相互伤害，要把他们分开并让他们单独待一会儿。
- 尝试计时隔离和角色扮演。如果孩子在上学前班，你可以用计时隔离的方法。如果孩子更大些，你可以使用角色扮演和画画的策略。
- 要关注被欺负的一方，而非欺负方。不要通过关注强化欺负者的行为。
- 要让欺负者安心，告诉他是被爱的。

第三部分

养育个性不同的孩子

第十章

孩子们为什么如此不同？

"亚伦和杰伊都是我的孩子，但他们个性截然不同。当我带他们参加聚会时，杰伊总是人们关注的中心，所有人都想和他玩；而亚伦则总是喜欢一个人待在离大家很远的地方，很害羞。这种情况经常发生，他们为什么如此不同？是因为亚伦是长子吗？"

——乔恩，6岁的亚伦和4岁的杰伊的爸爸

"我有两个孩子，他们真的很不一样，在婴儿期就很明显。我的大儿子阿诺德晚上很早就睡觉，也很容易喂养，所以我以为做母亲很轻松；但小儿子加里出生后的几个月，对我来说真的是一段艰难的时光。他很难入睡，总是没完没了地哭，很难安抚，总是焦躁不安。他很警觉，总是环顾四周，似乎需要很多安抚。两个孩子的个性差异从一出生就存在。"

——卡洛琳，5岁的阿诺德和3岁的加里的妈妈

大多数父母都会注意到孩子之间的差异，这些差异体现在婴儿期是否容易抚养、成长中表现出来的个性特点、上学后是否容易与朋友相处，以及如何处理困难和挫折等方面。

许多父母都对孩子们之间极大的差异感到惊讶。尽管我们和兄弟姐妹也可能很不一样，但我们通常期望孩子们有相似的个性。毕竟，他们在同一个家庭长大，有相同的父母、相同的家庭背景和成长环境，以及相似的遗传基因。他们一起度假旅行，读相同的书，看相同的节目。那么，为什么一个孩子可以安静地坐在那里看几个小时书，而另一个孩子却像小疯子似的喜欢在家里跑来跑去？为什么一个孩子很听话，而另一个孩子则需要父母想尽办法才能按照父母期望的去做？为什么吉米·卡特能成为美国总统，而他的弟弟比尔却是一个坏小孩？

这些问题背后隐藏着许多父母的疑惑（有时是担忧）：孩子们的表现如此不同，是因为他们对待孩子的方式不同吗？也有不少父母认为，孩子们之间的差异是一个正常的信号，表明家庭之外的许多因素在共同塑造孩子的个性。事实上，兄弟姐妹间的差异从出生就存在。即使是在同一个家庭，婴儿的睡眠模式和喂养方式也不同，他们对周围环境和吸引你关注的程度也不同。我的一对双胞胎孩子让我深刻地认识到这一点：出生时他们的体重基本相同，但其他方面非常不同，一个容易紧张，总是环顾四周，不容易安抚；另一个则表现得很放松，个性随和，很好安抚。

研究表明，孩子们之间的巨大差异并不是单一因素造成的，你无须因此而感到内疚，下面是一些相关研究。

导致个性不同的原因

◆ 遗传基因：相同与不同

　　"他的鼻子和你的一模一样。"

　　"她和外婆长得很像。"

　　"我的母亲对我儿子和对我女儿很不一样，因为我儿子长得太像我父亲了。"

　　在孩子成长的过程中，每个人都在观察他和其他家庭成员之间的相似之处。我们经常从遗传的角度解释兄弟姐妹之间的差异："老二像我，而老大更像他爸爸。"我们用遗传解释孩子和我们之间的相似，兄弟姐妹之间的相似也与遗传有关。

　　同卵双胞胎实验是个典型的例子：将同卵双胞胎从出生起就分开，让他们在不同的家庭中长大，他们长大后微笑、走路、说话的方式也会相似，甚至他们会选择相同的职业，这向我们展示了基因对兄弟姐妹的重要影响。

　　但是，每个孩子的基因一半来自妈妈、一半来自爸爸。因此，兄弟姐妹的基因也存在差异性，我们看到的兄弟姐妹之间的不同，很大程度上是基因不同造成的，基因是不受父母的偏好和抚养方式影响的。

　　我们可能以为本章开头描述的亚伦和杰伊社交模式的不同，是家长养育方式的不同造成的，比如杰伊从小就习惯与人见面、相处，而亚伦的童年早期较为封闭，因为父母那时候社交活动较少。其实，害羞、内向是受基因影响的个性特质。如果将同卵双胞胎和异卵双胞胎进行对比，你会发现同卵双胞胎在害羞、内向程度上更相似，而异卵双胞胎之间在这方面的相似度并不比普通兄弟姐妹高。

活动水平的差异也受遗传影响，至少在学龄前期是这样。如果你的第一个孩子在3岁时是个精力充沛的小家伙，而你的第二个孩子在3岁时却可以连续几个小时安静地坐着，这种不同就是基因差异的表现。

但是，基因的不同并不能解释孩子们之间的所有差异。从同卵双胞胎的例子可以看出，虽然他们基因相同，但也会有不同之处。同卵双胞胎的不同与他们的成长经历有关。孩子身边的每个人，包括祖父母、父母、兄弟姐妹、朋友、老师，都会对孩子个性的形成产生影响。从这个意义上说，兄弟姐妹并不是在完全相同的环境中长大的。此外，父母处理孩子们冲突的方式、给他们安排的生活方式都会影响他们个性的发展。

◆ 家庭内的不同生活经历

兄弟姐妹虽然生活在一个家庭里，但经历可能完全不同。他们的年龄不同，意味着父母对待他们的方式不同。

如果你的4岁孩子为了扮演公主，穿着薄薄的芭蕾舞裙待在冰冷的走廊上，你可能会让她披上毯子当斗篷，而不是直接抱走她；而如果你的1岁孩子正向壁炉爬去，你肯定会直接把他抱起来，以防壁炉烫伤他。父母管教学龄前儿童和学步儿的方式是不一样的。

父母可能会对某个年龄段的孩子有偏爱，比如相比叛逆的学步儿，有的父母可能会更喜欢婴儿；有的父母，对学步儿比对婴儿更有耐心；还有一些父母更喜欢和充满想象力的学龄前儿童聊天。即使你喜欢孩子的所有成长阶段，对不同年龄阶段的孩子的对待方式也会不同。你可能一分钟前还在幸福地抱着小宝宝，转头便对总是问这问那的学龄前孩子流露出不耐烦的神情；或者你已经在十分钟内第三次处理被10个月的宝宝打翻在地的食物，而此时你4岁的孩子突然进来要告诉你一件有趣的事，你对他们的反应当然会不同。

孩子们能敏锐地感受到这些不同，如果他们感觉自己得到的爱不如兄弟姐妹多，心理上便会蒙上阴影。正是这种对待方式上的不同，使孩子对自己的认识有所不同。研究表明，孩子对父母更关心哪个孩子、更喜欢哪个孩子是很敏感的，所以减少你对待他们的差别是很重要的。这确实不容易做到，但你应该学会欣赏每个孩子的特点。

关注每个孩子的需求、能力和天分。

让每个孩子都知道他是被爱的。如果孩子问："你更爱谁？"你要告诉他："你们都很特别，你是个好孩子，没有人能有和你一样的笑容，没有人能像你一样思考……"你也要向另一个孩子表达你的爱。

尽量根据孩子们的需要给予他们想要的关注和陪伴。如果你的第二个孩子抱怨你在辅导姐姐的作业上花了太多时间，你要向他解释为什么姐姐现在需要你，作业为什么非常重要，告诉他你知道他等得很辛苦，你会在姐姐做完作业后和他做他想做的事。

避免将孩子们进行比较。如果一个孩子不爱整洁，不要说："你为什么就不能像姐姐那样整洁？"而要说："那件T恤如果不皱的话会更好看，如果把它叠起来放在椅子上会更好。"如果你意识到自己在对他们进行比较，要及时停止。

◆ 孩子们相处的方式

另一个影响孩子个性发展的因素是他们相处的方式。先听听一对姐弟是如何描述他们的关系的。

南希10岁，弟弟卡尔6岁。我问他们对彼此的看法。南希是这样描述卡尔的：

"他对我很好。他晚上会从妈妈的房间偷跑出来，溜到我的床上。我想如果没有他的话，我会很孤独。我经常和他玩，他总能想出奇特的主意。放学后他都会在校门口等我，我觉得这很棒。他很友善。我不知道如果没有弟弟我会怎么样。"

卡尔是这样描述南希的：

"她很讨厌，我们之间很少说话。我也不怎么了解她。她身上没哪一点是我喜欢的。我做错事的时候她会斥责我。她很小气。"

两个孩子对同一段关系居然有如此天差地别的描述！南希和卡尔的例子其实在兄弟姐妹中是很常见的。孩子在兄弟姐妹关系中的体验将影响他对自己的感受和认知。我们的研究表明，一直受到兄弟姐妹批评、感到自己不被兄弟姐妹支持与喜欢的孩子，长大后可能会变得容易焦虑、缺乏自尊心。所以，兄弟姐妹虽然在同一个家庭里成长，但会有不同的体验。同时，也要注意孩子们的关系会随着年龄的增长而发生巨大的变化，兄弟姐妹相处模式的暂时性的问题影响并不会一直持续。

◆ **孩子们的个性差异与出生顺序有关吗？**

有一种说法是孩子的出生顺序对个性的形成有重要影响。很多人认为，第一个孩子会比第二个孩子更神经质、更焦虑、更渴望取悦父母，你也可能听说过"中间孩子综合征"，其实这些说法绝大多数都与事实不符。研究表明，出生顺序对于预测一个人未来是什么样的、他将如何发展并没有很大的帮助。在众多影响个性的因素中，出生顺序的影响与基因和社会经历等因素相比并不显著。

然而，孩子对待兄弟姐妹的方式确实与出生顺序有关。我们需要了解一些常识：至少在学前阶段，第一个孩子对弟弟妹妹有更高的主导性和掌控感。晚出生的孩子更容易受哥哥姐姐的影响，因此兄弟姐妹关系在早期是不均衡的。例如，弟弟妹妹会经常模仿哥哥姐姐，而哥哥姐姐却很少模仿弟弟妹妹。哥哥姐姐对弟弟妹妹是亲近还是敌对，会影响弟弟妹妹的行为，反过来弟弟妹妹对哥哥姐姐的影响就没这么明显。

第一个孩子更可能感受到父母的不公平待遇，你会经常听到他们抱怨说"这不公平！"父母对第一个孩子会更严格也是事实。如果兄弟姐妹发生争执，第一个孩子更容易受到指责，即使第二个孩子已经2岁多了或者是第二个孩子引起的麻烦。作为父母，我们需要注意不要总是批评年长的孩子。

◆ 同性和异性的兄弟姐妹

妈妈对待孩子的方式，也与孩子的性别有关。有关年幼的兄弟姐妹的研究发现，如果第二个孩子与第一个孩子性别不同，妈妈会更关注第二个孩子。这可能导致当妈妈对第二个孩子表现出特别的关注和热情时，第一个孩子就会直接对第二个孩子表现出敌意；而妈妈看到第一个孩子对第二个孩子的敌意后，会更想采取行动来补偿第二个孩子，因此造成了恶性循环。加拿大的一项针对年龄稍大的儿童的研究发现，即使两个孩子的性别不同，妈妈也并没有对第二个孩子表现出更多的喜欢和关注；但如果两个孩子的性别相同，妈妈在对待他们的态度上会更一致。

多伦多大学人类发展研究中心的罗娜·阿布拉莫维奇认为，兄弟姐妹因性别不同而受到的差别对待很可能会导致他们对彼此的敌意和嫉妒的加剧。

一项来自加利福尼亚州的研究关注了六七岁的女孩和她们的姐姐、妈妈一起做游戏时的表现。研究者布兰达·布莱恩特和苏珊·克劳肯伯格发现，两个孩子对待彼此的方式，部分取决于妈妈是如何对待她们的。如果在家里，妈妈只帮助、安抚一个孩子而忽视另一个，那么两个孩子不会给彼此提供帮助和支持。

妈妈对待两个孩子的方式，部分取决于第一个孩子的性别。维克托·西西列里在实验中发现，有哥哥的孩子比有姐姐的孩子，会得到更多来自妈妈的反馈。他认为，这是由于妈妈通常会直接或间接地把部分照看第二个孩子的职责和权力交给长女，而很少会交给长子。所以，妈妈之所以会忽略第二个孩子，可能与姐姐向弟弟妹妹提供的支持和帮助有关。上面提到的加利福尼亚的研究还显示，在妈妈常常会忽略第二个孩子的需求的家庭中，长女通常表现出更多的对弟弟妹妹的关心和照顾。这说明，在这种情况下，至少姐姐会支持和关心被忽略的弟弟妹妹。

◆ 孩子的主动选择

与婴幼儿相比，儿童和青少年有更多机会主动寻找和选择环境。在家庭内外，年龄较大的儿童可以让他人了解他的偏好，大多数父母会对孩子的兴趣和天赋做出回应：兄弟姐妹中，喜欢阅读的孩子更有可能收到书籍作礼物；喜欢运动的孩子更有可能收到运动装备作礼物；与擅长数学的孩子相比，有音乐天赋的孩子更有可能被送到音乐兴趣班，等等。年龄较大的儿童能更主动地构建遗传—环境关系。

美国心理学家桑德拉·斯卡尔的研究关注了从婴儿期到青少年期，兄弟姐妹（包括双生子）相似性的变化。她指出，对异卵双生子进行追踪的研究表明，从婴儿期到青少年期，异卵双生子智商的相似性随着年龄的增长而下降。为什么兄弟姐妹生活在一起越久，反而相似程度越低呢？斯卡尔认为，这是因为在童年中期到青少年时期，孩子在家庭中对环境的选择权更多了。

◆ 特殊的生活经历

最后，兄弟姐妹间个性差异的形成也和孩子特殊的生活经历有关，在他们生长过程中，有些事一个孩子经历过，而另一个孩子却错过了。名人传记向我们清楚地展示了机遇对孩子的发展和个性形成是多么重要：一场严重的疾病把一个孩子困在医院里，一个好老师改变了一个孩子的人生方向，一次机会让一个孩子发现他热爱戏剧表演，每一个偶然事件都可能给孩子带来新的可能。

兄弟姐妹间的个性差异意味着什么？

一旦你理解了孩子们的个性差异不仅仅（甚至不主要是）是

因为你如何对待他们造成的，你就会明白你并不需要为他们的不同负完全的责任。美国心理学家桑德拉·斯卡尔说：

"作为父母，我们倾向于相信我们对孩子有极大的影响……事实上，虽然我们并不完美，但只要我们是通情达理的、爱孩子的父母，孩子便会成长为自己该有的样子，虽然他们在很多方面都不同，但都是最棒的自己。"

当然，我们的目标是对每个孩子都给予温暖、爱、友好，满足他们的不同需求，即使我们做得并不完美。关于兄弟姐妹的另一项研究表明，儿童个性特点和适应性方面差异的形成有许多原因，比如他们交往的方式、偶然事件的影响、家庭之外的经历。父母和孩子间发生的事情只是一小部分影响因素。

要记住，即便是处在学步期和学龄前期的孩子，他们对你偏爱哪个孩子也是非常敏感的。你的目标应该是表现出你对他们差异性的尊重和欣赏。毕竟，尊重、欣赏孩子们之间的差异对他们会更有益。

第十一章

如果第二胎是双胞胎

如果被告知怀了双胞胎，你可能会既兴奋又担心。有一些怀了双胞胎的妈妈会觉得简直不可思议，太惊喜了；另一些妈妈会感觉到沉重的负担，她们的第一反应是为第一个孩子担心，会想"天啊，他要怎么接受这个事实！有一个弟弟妹妹就已经糟透了，何况是双胞胎！"本章介绍了第二胎是双胞胎的家庭的变化：第一个孩子如何应对双胞胎的到来，以及父母如何管理一个五口之家。

怀上双胞胎

◆ 准妈妈要照顾好自己

孕育双胞胎会使你的身体承受更多的压力，所以照顾好自己的身体非常重要，尤其在需要照顾第一个孩子时。我们之前讲到的怀孕期间的疲劳和压力你都会经历，甚至可能经历得更多。所以，如果你怀上双胞胎，一定要注意休息和饮食，保持健康，还要注意抱孩子时不要弄伤背部。

除了身体上的劳累，你还会担心该如何同时照顾两个新生儿。你可以与其他双胞胎的妈妈沟通交流。你还会担心两个宝宝是否都能发育正常，担心分娩是否顺利。如果你有这些疑虑，最好和医生谈一谈。然而，医生有时意识不到自己随便一句话就可能会刺激到准妈妈，一位双胞胎妈妈回忆说：

"一位医生在为我进行最后一个阶段的孕期检查后，转头问护士上次是否做过B超，他说'我好像看到有好几个小胳膊、小腿，但只有一个头。'听到医生这么说，我怎么能冷静？！"

◆ 让第一个孩子做好准备

显然，对一个学步儿或学龄前儿童来说，很难接受两个婴儿突然闯进他的家庭、"霸占"他的父母。所有在第三章中提及的有关如何让第一个孩子做好有弟弟妹妹出生的准备要点，你都可以参考。找一本关于双胞胎的书给第一个孩子看，告诉他将会有两个小宝宝成为家庭的新成员。最重要的是，在"暴风雨"来临前的最后几周，你要多陪伴第一个孩子。

双胞胎出生后最初的几个月

对你而言，在双胞胎出生后最初的几个月，最重要的是多休息，在照顾孩子和做家务方面可以向他人寻求帮助。要尽可能多地关注你的第一个孩子，并使他的日常生活不受影响。

◆ 多关注第一个孩子

如果你的双胞胎宝宝出生时未足月，他们中的一个或两个或许要留在医院接受治疗。如果是这种情况，这段时间你要尽可能享受和第一个孩子在一起的时光，并且努力让自己身体康复、变得强壮。当然，双胞胎宝宝回家后，第一个孩子很可能会出现一些适应性问题，如睡眠问题、如厕问题，以及一直要得到你的关注和帮助，但这些问题不会持续很长时间。值得欣慰的是，很多妈妈发现双胞胎宝宝回家后，第一个孩子并不像她们担心的那般沮丧，对新宝宝的敌意也很少。就像2岁的卡蒂亚和1个月大的双胞胎的妈妈谢莉所说：

"卡蒂亚从一开始就没有对双胞胎宝宝表现出任何敌意。我想她对这个突如其来的变化还是有些不安，但她从来没有对双胞胎宝宝表现出不满。"

然而，对第一个孩子来说，双胞胎宝宝出生后的前几周肯定是很艰难的，为此你要做的重点是如何最大限度地减少他的压力。

◆ 寻求他人的帮助

如果你需要他人长期的帮助，不要为此感到羞愧。随着孩子们不断长大，他们身体方面的需求会减少，但情感方面的需求会持续数年。

◆ 保持规律的生活作息

几乎所有同时照顾双胞胎和第一个孩子的妈妈都强调，在双胞胎宝宝出生后的最初几周，要想每天的生活井然有序，让孩子保持规律的生活作息很重要。正如2岁的卡蒂亚和1个月大的双胞胎的妈妈谢莉所说：

"养育双胞胎并不是一件难事，我有一对双胞胎和一个2岁的孩子，给孩子们养成合理的生活作息，让我的养育之路不再艰难。"

一些父母就喂养双胞胎宝宝、哄宝宝睡觉、照看宝宝以及如何抽时间陪第一个孩子玩等难题提出了很多解决方案。有些妈妈在喂养小宝宝的时候，会和第一个孩子共同做一些事情；有些父母则会同时喂两个小宝宝，让他们同时睡觉，这样父母就有时间和第一个孩子单独相处。每个家庭都需要找到最适合自己的生活模式，重要的是确保第一个孩子能得到特别的关注，不要让他生活得不开心。有时候你会发现为每个孩子腾出时间非常困难，但至少在双胞胎宝宝出生后的前两三周建立规律的生活作息是很容易的。

你可以与其他双胞胎妈妈交流，她们的建议能帮你节约不少时间，比如你不用非得每天给孩子们洗澡，你可以用同一个杯子喂他们喝水。

双胞胎的哭泣对疲惫的父母来说往往难以忍受，其实这对于第一个孩子来说也是很痛苦的。安抚奶嘴、大人的手指、玩具等对安抚哭泣的小宝宝来说是有用的。给宝宝购买安抚奶嘴时，应选择大品牌的、质量和卫生有保证的。确保不要用绳子把它挂在婴儿的脖子上。如果你用一根很短的绳子一端系住奶嘴，另一端系在婴儿的衣服上，那绳子就不会缠着婴儿的脖子而造成危险了。很多双胞胎母亲发现用奶嘴安抚哭泣的小宝宝很有用。

如果小宝宝们哭得太凶，你可以把他们抱在怀里，或躺下来让他们躺在你的身上。同时，你还要兼顾你的第一个孩子。如果他正处于学步期，那么把他也抱上床以便你一起看护。通常情况下，只要双胞胎宝宝其中一个不哭了，另外一个很快也就不哭了。

如果你感觉自己快要崩溃了，可以参考伊丽莎白·弗里德里希和谢里·罗兰在《双胞胎养育指南》（The Parents' Guide to Raising Twins）一书中给出的建议：

"如果你的双胞胎宝宝在出生后的几天特别能哭，你一定要寻求帮助。请记住，婴儿的哭泣对你的影响要远远超过对其他人的影响。

如果周围没有人可以帮你带孩子出去一会儿，那么你可以让自己离开婴儿房一会儿。你可以关上婴儿房的门，打开收音机，让收音机的声音淹没孩子的哭声，喝一杯茶或咖啡，做几次深呼吸，缓解烦躁的心情。做这些并不需要很长的时间。幸运的话，在你离开期间，两个孩子中的一个或两个都可能已经睡着了。如果他们没有睡着，你可以再离开一会儿。"

总之，只要不存在大的问题，你可以稍微放松一些，不用总是关注小宝宝们的哭泣。

分配给每个宝宝的时间

几乎所有的有双胞胎宝宝的父母都觉得，他们没有时间分别和双胞胎宝宝中的每一个单独在一起。如果你还有一个处于学步期的孩子或者学龄前的孩子需要照顾，这种感觉会更加强烈。但是，你要记住，即便孩子得不到父母独一无二的关注，也能茁壮成长！有一些父母甚至发现没有得到过父母过分关心和保护的孩子，以后的发展反而会更好。如果父母感觉轻松自如，双胞胎宝宝也可以从中获益，因为父母对双胞胎之间差异的关注会降低他们对孩子行为细节的过分关注。他们会意识到孩子可能是完全不同的，因而不会对宝宝的某些特别的行为而感到焦虑。并没有充分的证据表明双胞胎在成长过程中会比单胎有更多的行为问题。

所以，如果你的双胞胎宝宝比单胎宝宝得到的关注少，你也不用担心。对他们来说，更重要的是让他们感受到爱与关怀的氛围，而不是与父母在一起的时间的多少。双胞胎开始说话的时间可能稍微晚一些，这可能是因为他们与父母"交流"的时间相对较单胎宝宝少，但这不会影响他们以后的语言发育。

一些家长试图每天都寻找短暂的时间与双胞胎宝宝中的每一个独处，其实不必非要这样做。双胞胎宝宝在某个阶段得到关注的程度通常很难是均等的，有的宝宝本身就比较安静，引起父母的关注相对较少，但从长期来看，他们各自得到的关注大体是相同的。如果双胞胎宝宝开始说话的时间明显落后，你要确保多和他们待在一起。

随着双胞胎的成长，除了疲于应付的父母，他们还会开始关注其他人，首先是你的第一个孩子。因此，父母对他们的关注较少并不是一个大问题。而且，双胞胎宝宝从小时候开始就对哥哥姐姐充满好奇。在最初的几个月，我的双胞胎宝宝着迷地看着他们的姐姐的时间远远超过他们看彼此的时间。

妈妈首先要照顾好自己

在生完双胞胎后的前几个月，你要保持身体健康和心情愉快，这对家庭中的每个人都有好处。我们都习惯了把自己的需求放在最后，但其实你应该把照顾自己放在重要的位置。同时，你也要关注周围的其他人，不要整日沉溺于照顾小宝宝的生活而把自己与其他人隔离起来。想要迈出这一步是很难的，就拿购物来说，带两个孩子去购物就很难了，更别提带三个孩子了。但你可以做一些安排，比如你不一定要带所有的孩子出门，甚至你可以自己出门，不带任何一个孩子。

双胞胎对第一个孩子的影响

许多3～5岁及5岁以上的孩子都能很好地应付双胞胎弟弟妹妹的到来，有的还会成为父母的得力助手，帮父母照顾小宝宝。此时，双胞胎宝宝的喂养问题和日常安排，会比第一个孩子处于学步期的情况简单，带三个孩子一起出门也不再是大问题。然而，对一些年龄大一些的孩子来说，当双胞胎弟弟妹妹到了学步期时问题就出现了。

当双胞胎宝宝处于学步期而第一个孩子恰好处于学龄前期时，可能会是你在生活和情绪上最艰难的时期。"可怕的2岁"让你有了更深刻的体验，但此时，你面对的更可能是"可怕的三人组"！

当有三个孩子在家时，你更要注意各个地方的安全，比如安全护栏、落地窗等地方的安全，你也要防止孩子接触刀子等危险工具，安装高位锁，把药物或针线盒放到孩子够不到的地方，不让孩子玩冰箱门，等等。所有这些你都需要特别留意。你可能很早就发现双胞胎宝宝在一起时总会做出一些可怕的行为。有时他们的哥哥姐姐不想自己被卷入麻烦，却乐于见证"灾难"的发生。从双胞胎宝宝出生后的第二年开始，几乎每一个拥有双胞胎宝宝的家庭都会出现一系列双胞胎一起制造的"灾难"。我一个生了双胞胎宝宝的邻居有一次走进厨房时发现，他的一对20个月大的双胞胎宝宝把椅子推到了碗柜边上，还爬了上去，轮流把碗柜里的盘子扔到地板上！所以，如果你能设法营造一个空间（可能需要你腾出卧室的一半）让你和孩子们能在里面一起安全地玩耍，那将会很有帮助。

保护第一个孩子不受侵犯

随着双胞胎宝宝逐渐长大，确保你的第一个孩子有时间和你相处仍是一个重要的问题。随着双胞胎宝宝逐渐长大成为有破坏力的"小魔头"，你可能需要保护第一个孩子，防止他的生活被双胞胎弟弟妹妹干扰和破坏。

不同的家庭会以不同的方式设法达成以上目标。一个方法是在双胞胎宝宝晚上入睡以后以及午休时，你要确保第一个孩子可以和你相处。还有一个方法，就是把星期六的早晨定为妈妈和第一个孩子相处的时间，在这个时间，你们可以一起购物、去图书馆，而爸爸负责照顾双胞胎宝宝。你要记住，孩子们会想尽一切方法引起你的注意，而第一个孩子较可爱的双胞胎在这一点上不占优势，所以你更要找时间多陪陪他。

　　保护第一个孩子的隐私也很重要，尤其是当他处于学龄前期或学龄期时。你要保证他自己精心设计的游戏和活动不被干扰，保证他有一个别人不能干扰的私人空间，理想状态是让他有自己的房间。

　　其他人对双胞胎宝宝的过度关注常常严重困扰第一个孩子。艾莉森和乔发现，如果他们同时带着第一个孩子内德（3岁）和双胞胎女儿一起购物和外出，就会看到内德有多介意双胞胎妹妹所受到的关注。所以，你要想想如何避免此类情况发生。当然，当你的第一个孩子上幼儿园或学校时，单独带双胞胎宝宝外出也是很不错的方法。

孩子们共同成长

　　第一个孩子和双胞胎宝宝之间的关系模式是多样化的。在一些家庭中，在双胞胎宝宝出生后的第一年，第一个孩子与双胞胎宝宝中的一个就会形成亲密的关系，而与另一个并不亲密。尽管一些第一个孩子发现了充满活力的双胞胎宝宝令人难以应付，但是双胞胎宝宝很少会联合起来对付第一个孩子。当双胞胎宝宝学会走路时，他们有时候会处于支配地位，甚至会吓到敏感的哥哥姐姐。如果你注意到家庭中发生了这种情况，你或许要留意保护第一个孩子，并尽最大的努力和他单独相处。

双胞胎宝宝间的关系也具有多样性，这取决于他们是同卵还是异卵，以及他们的性别。同卵双胞胎比异卵双胞胎的关系更亲密，同性别的异卵双胞胎比龙凤胎关系更亲密。但是对绝大多数的家庭来说，从双胞胎宝宝出生后的第二年开始，三个孩子会经常一起玩游戏，同时也会出现很多竞争和冲突，这会令父母非常头痛。

孩子们之间的竞争和冲突

在有双胞胎宝宝和大孩子的家庭中，孩子们之间的竞争和对物品的争夺特别激烈，这不仅仅出现在孩子2岁这个阶段，而是会贯穿他们的整个童年期和青春期，甚至更久。韦恩是拥有一对双胞胎宝宝和一个年长的儿子的父亲，他的孩子现在都是青少年，他说：

"处于青春期的他们仍然像侦探一样注意晚餐的分配是否公平，以确保其他人没有得到优待。"

这种竞争并不意味着他们不能从彼此的陪伴中获得巨大的力量、安慰和快乐。在有3～4个孩子的家庭中，兄弟姐妹间有的会特别亲密，这种亲密一直持续到青少年期，直到不得不分开的时候。兄弟姐妹亲情成为他们坚强的后盾，但是他们也会存在竞争，下面是一些减少孩子们之间冲突的策略：

- 避免对你的孩子进行比较，不论他们的差异是否明显。
- 关注每个孩子，将他们视为独特的个体。
- 他们为彼此做好的事情的时候，要及时给予表扬。
- 如果他们彼此间出现了语言攻击，要让他们学会设身处地为对方着想。

你的需求和情绪

当你被哭闹的孩子、堆积的脏衣服、混乱的房间、易怒的伴侣包围时，当你因为又一个糟糕的夜晚而感到筋疲力尽时，你会感受到身为父母的失败。几乎所有的父母都产生过这种想法，家里有双胞胎宝宝的父母更容易产生这种想法。在某些时刻感到绝望是可以理解的，你的痛苦并不意味着你是一个不合格的父母。如果你能和其他处于相似困境中的妈妈们交流，和她们分享你的痛苦和欢笑，这大概是你最好的安慰，你也可能会获得一些关于如何更好地照顾孩子和管理家庭生活的有用建议。如果一个无法好好入睡的学步儿或一个学龄前的孩子正在制造麻烦，你可以试试前面提到的那些技巧，或是向医生寻求帮助。如果你因为缺乏睡眠而十分疲倦，看看你是否能让其他人来帮你照顾孩子。

可能在某些时刻，你会对养育双胞胎宝宝带来的负担感到愤怒，你会因双胞胎宝宝对你的生活的影响而不满，包括对你与第一个孩子的关系的影响。如果你与其他双胞胎宝宝的父母交流，就会发现这种伴有愧疚的愤怒和不满是多么普遍。与那些经历过的人谈论这种情绪，真的会对你有帮助。

要维护好夫妻关系

让你自己和你的另一半有单独相处的时间，不要让三个孩子占用你所有的时间和精力。双胞胎宝宝的出生的确会在一定程度上影响夫妻关系，更不用说还要再加上一个孩子。

如何才能减轻身为父母的压力呢?

- 把夫妻间的需求放在首位。
- 确保孩子在规定的时间尽早上床，即使他们并不想睡觉。
- 偶尔晚上夫妻一起外出，不带孩子。
- 夫妻共同交流性生活方面的问题。

三个孩子带来的喜悦

当然，拥有三个年龄相近的孩子，并不只是会给你带来烦恼。有三个孩子的家庭，也会有好的方面:

第一，有双胞胎的家庭，爸爸和孩子的关系通常更加亲密。这是因为爸爸在双胞胎宝宝出生后的一段时间内，会更多地参与照顾孩子的生活，而且这种父子间的亲密关系会持续下去。

第二，双胞胎宝宝出生不久就会和哥哥姐姐相互逗乐。在双胞胎宝宝出生后第二年，他们可能会表现出对彼此的兴趣，也会一起玩。他们也会打架、争吵，但是相比只有一个或者两个孩子的家庭，孩子们的生活会更加丰富。

第三，有3个孩子的家庭在面对生活中重大转变时，比如开始上学、搬家和转校，或几次家庭经济危机，孩子们都更有可能彼此团结、相互支持。因此，有双胞胎兄弟姐妹的孩子通常很喜欢家里有双胞胎，他们相处得好也就不足为奇。而且，一旦孩子到了入学年龄，家里有双胞胎的孩子似乎更能吸引朋友们的注意。

本章总结

● 给每个孩子一部分与你单独相处的时间。抓住任何机会并创造机会，带着每个孩子单独外出。

● 欢迎他们与其他人建立关系。如果你的孩子与其他成年人建立了稳固的关系，不论是和父亲、祖父母还是其他人，你都要感到高兴，而不要嫉妒。

● 照顾好你自己。照顾好自己，你才会有面对糟糕的生活时保持乐观的心态。

● 遵守日程表。你要给孩子养成规律的生活作息。

● 坚持你的基本原则。

● 坚持最重要的原则。不必让孩子必须遵守每条规则，但是你必须坚持一些最重要的原则（例如，不能使用暴力），并尽可能人性化地实施，公平地对待每个孩子。

● 避免比较。要避免比较孩子们和偏心某个孩子。有时尽管你是公平的，但是孩子们也会认为你偏心，尽量不要让他们有这种感受。

●给自己放松的时间。找时间让自己远离混乱的房屋、吵闹的孩子和所有人，让自己好好休息一下。

第十二章

向前看

因为打翻了涂料，你4岁大的孩子声嘶力竭地哭喊着，这已经是今天下午第四次出现这种如同打仗般的场景了。孩子的哭声越来越刺耳，你一整天都在给孩子擦鼻涕、擦眼泪。同时和两个孩子甚至三个孩子说话，使你一天中无法拥有纯粹属于自己的时间，哪怕只是五分钟。这一切什么时候能改变？生活会变得轻松吗？答案是肯定的，而且这种变化会很快到来。

当第二个孩子长到3～4岁时，计划外出、离开孩子们去工作和做家务都会变得更容易，你甚至有时候会出现"曾经喜欢的生活又回来了"的感觉。第二个孩子出生后，你面对的各种来自孩子、配偶和工作的压力，在第二个孩子2岁后处理起来会更容易。

孩子们之间的争吵会减少吗？

兄弟姐妹间的争吵会持续很久，通常要到10岁以后，他们之间争吵的频率才会明显减少。当他们更大一些后，争吵的结果通常会发生反转。那时过去一直被欺负的弟弟妹妹已经5～7岁了，他们会学会报复哥哥姐姐的新技能，在争吵中占上风。正如一位父亲谈及自己5岁时和哥哥姐姐打架的情景时得意地说："那时候风水轮流转了。"

随着年龄的增长，兄弟姐妹间身体的冲突会更少。然而，许多6～10岁甚至到了青少年期的兄弟姐妹还会拳脚相向。不要认为只有你的孩子到了学龄期还和兄弟姐妹打架。

总是争吵的兄弟姐妹以后会和睦相处吗？

通常在第二个孩子4岁时，兄弟姐妹在一起玩耍的时间会更多，4岁的儿童可以成为5～7岁儿童的好朋友。但是这不意味着他们不会继续争吵。一般来说争吵越多的兄弟姐妹，也越可能一起玩耍，彼此分享快乐的事。

当兄弟姐妹长到10～12岁时，他们之间的关系会变得疏远。他们大部分时间是和各自的朋友在一起，所以彼此在一起的时间不会太多。此时，他们之间的强烈的亲密感会随着年龄的增长而减少。但是就这一点而言，不同的兄弟姐妹，相互之间的关系有巨大的差异。一些兄弟姐妹直到青少年期仍会继续保持亲密关系，而有些兄弟姐妹在青少年期会渐渐疏远，直到成年早期时关系又会变好。

兄弟姐妹间的言语攻击

夏洛特·布勒（Charlotte Bühler）对维也纳中产阶级家庭的孩子的观察研究发现，兄弟姐妹间的身体攻击并不多见，但嘲笑、讽刺、贬低兄弟姐妹以及确定自己的重要性却是很常见的。比如研究中的姐姐厄纳（10岁）和妹妹凯西（6岁），就多次表现出这类行为。

厄纳想一直凌驾于凯西之上，她总是贬低凯西。她知道如何让凯西屈服，如何说一些刻薄的话打击凯西。

当妈妈告诉观察者，凯西不喜欢去游泳池，因为她不会游泳时，凯西辩解说她会游泳。厄纳听到后，对凯西说：

"你去游啊，你根本不会游泳，你甚至都没学过。你只去过一次游泳池。"

凯西说："不，我去过三次。"

厄纳说："反正你不会游泳。"

厄纳和凯西在一起做作业。厄纳对妈妈说："凯西把1000+1000算成了1000000！"

凯西生气地说："我明明算的是2000！"

厄纳说："你就是算成了1000000！你真笨！"

凯西在客厅里蹦蹦跳跳，厄纳不满地说："你根本不会跳。"

凯西仍然在客厅里蹦蹦跳跳。

厄纳继续说："我可以两只脚一起跳。"

之后，她仍不断地对凯西的动作提出各种意见。

爸爸想给她们拍照，厄纳摆出一个优美的姿势说："我可以这样站，因为我大了，但是凯西就不会这样站。"

然后，厄纳对凯西说："别和平时一样哭丧着脸。"

凯西辩解说："我没有哭丧着脸。"

厄纳说："妈妈上次也说你哭丧着脸。"

上学会对兄弟姐妹关系有什么影响？

上学的孩子，与兄弟姐妹之间关系的变化，取决于他是否适应学校生活。如果你的第一个孩子在学校里不开心或者很难适应校园生活，他很可能表现出对弟弟妹妹的敌意和攻击。有时第二个孩子会觉得哥哥姐姐在上学前后获得了父母所有的关注，他们也会嫉妒哥哥姐姐在学校里遇到的趣事和取得的成就。

当第二个孩子开始上学时，哥哥姐姐通常能帮助他。两个孩子的妈妈米兰达说：

"格雷格在刚开始上学时很焦虑，而他的姐姐很照顾他。他们经常在休息时手牵着手一起走。我相信对他而言，上学会变得更容易。此前，他就一直很担心上学的事。"

由于要上学，彼此在一起的时间减少，有的兄弟姐妹关系反而变得更好。有些兄弟姐妹会为他们之间的疏远感到难过，他们在学校里的友谊会影响兄弟姐妹间的感情。例如，在学校里加入全是男生的群体、社团的男孩，经常会在家里忽略妹妹。此时，父母需要让小女儿把注意力从哥哥身上转移到其他人或事上。

10岁的林恩对自己和哥哥的关系的变化表现得很冷静，她说：

"我们从小就是好朋友，不仅是兄妹还是真正的好朋友。当我们都上学了以后，这种关系就结束了。这不是因为我们在一起的时间少了，而是我们各自有了新的朋友、不同的朋友。"

兄弟姐妹关系对自尊和友谊的影响

兄弟姐妹间的关系究竟如何影响孩子在家庭外的表现？兄弟姐妹间的关系是否会影响孩子的自尊水平？如果一个孩子在4～10岁这一年龄段和一个很熟悉的人一起长大，甚至有一大半的时间都和对方待在一起，却总是遭到对方的批评、贬低，这种经历一定会对孩子的自尊水平产生深远的影响，也会影响他如何对待家庭外的人。

下面是列夫·托尔斯泰的自传体小说《童年·少年·青年》中的一个片段，生动地描述了哥哥对"我"的影响。

"我只比瓦洛佳小1岁零几个月，我们一起长大，一起学习，一起玩。我们从外表上几乎看不出年龄差距，但有时我觉得从年龄、兴趣和能力上讲，不适合当他的玩伴。年龄上、兴趣上还有能力上都不行，我甚至觉得好像他自己也注意到了自己的优越并为之骄傲。这种想法（也许是错的）因我的虚荣心而愈发强烈——每件事他都比我强，不论是在游戏中、课堂上，与别人争论时还是行为举止上，所以我逐渐远离他，我产生了某种自己都说不清的痛苦。如果瓦洛佳得到了一件亚麻衬衣而我没得到，我肯定会很生气，尽管我知道我应该为他高兴，我不应该认为瓦洛佳竖起衣领时是在向我炫耀。

最折磨我的是，有时候我觉得瓦洛佳好像读懂了我内心的想法，但是他却极力掩饰……我无法控制自己不被他的爱好吸引，但是我太骄傲了，不想模仿他；而且我年龄太小，无法独立地为自己选择一个爱好。我最嫉妒的是瓦洛佳的乐观和胸怀宽广，每次我们吵架时，我都能强烈地感受到这种性格的魅力。虽然我觉得这样很好，但我就是学不来。"

目前，我们仍然没有太多的证据证明孩子与兄弟姐妹的关系，与他的自尊水平以及他在家庭之外（在学校如何表现、如何交朋友和维系友谊）的行为方式存在明确、稳定的联系。有研究发现，妈妈认为的那些对兄弟姐妹表现出嫉妒的孩子自尊水平较低。然而，如果让孩子自己来描述与兄弟姐妹的关系，那么上述关系就不复存在。而且无论如何，我们都无法确定孩子与兄弟姐妹的关系和自尊水平哪个是因、哪个是果。有可能是低自尊的孩子更容易注意到兄弟姐妹的成就而产生了嫉妒，也有可能是孩子对兄弟姐妹的嫉妒促使他形成了较低的自尊水平。其实，孩子与同伴的关系可能对他的自尊水平影响更大，因为孩子上学后，同伴如何看待他，对他的影响更重要。

孩子同兄弟姐妹一起成长的经历，与他在学校如何与同伴相处之间可能存在什么关系呢？我们对这个问题仍缺乏丰富的、明确的证据。有研究以6岁儿童为对象，发现6岁儿童在学校的友谊模式和他们同兄弟姐妹相处的质量之间的关系很小。据研究对象的妈妈报告，在家里乐于同兄弟姐妹分享的孩子在学校也会更慷慨地与朋友分享，与兄弟姐妹关系敌对、紧张的孩子，也更可能对学校的同伴产生敌意，但这种联系并不稳定、绝对。很明显，孩子与同伴相处受到很多因素的影响，如个性、与父母的关系、学校的社交环境以及与兄弟姐妹相处的经验，等等。所以我们难以在孩子与兄弟姐妹的关系和他们与同伴的关系之间找到简单、直接的联系。

当然，在成长过程中，拥有一个关系亲密、感情深厚的兄弟姐妹会从多个方面影响孩子对同伴的态度和行为。一方面，对拥有亲密的兄弟姐妹关系的孩子来说，同伴可能就显得不那么重要了，所以可能交朋友的愿望不是很强烈，那么这个孩子就难以获得与陌生的孩子建立友谊所需的社交技巧；另一方面，和友好、活泼的兄弟姐妹一起长大的孩子，在面对其他孩子时，更可能表现得自信、从容。

在孩子上学前，兄弟姐妹之间的争吵和玩耍加深了兄弟姐妹对彼此的理解，有助于孩子学会理解社交规则和自身的社会角色。在童年中期，兄弟姐妹间的争论和玩耍同样重要。皮亚杰认为，孩子间的讨论和争论对于他们的道德发展有着特殊的意义。他认为，相比与成年人在一起，孩子与其他孩子在一起时会有更平等的地位，尤其是当他们决定如何玩游戏，以及在没有成年人的帮助下解决争端的时候，这时他们就会开始学着理解其他孩子的想法，以及社交规则的意义和功能。依照这个理论，兄弟姐妹间的玩耍和争吵，会对童年中期孩子的社会认知发展有重要意义。

与残疾的兄弟姐妹一起长大

7岁的西蒙谈起患有唐氏综合征的9岁的哥哥大卫时说：

"我哥哥有智力残疾，别人和他交流很困难，但我能理解他想表达的意思，我想这是因为我曾经和他睡一个房间，对他很了解。他现在9岁了，他很难被我们带到别的地方去，因为他总想一直看相同的事物，比如下雨时他会一直坐在路边看雨。他最喜欢的动物是马、牛、羊。

大卫很淘气，他最常做的恶作剧是把柜子里的饼干拿出来，还有爬到我的床上，他也会和我打架。他喜欢打鼓，这让我们都很崩溃。有一年他过生日，收到了一把吉他，他经常弹吉他。爸爸妈妈很难理解大卫的行为。

我们不能带他一起去旅行，这让我很难过，因为我会想念他的鼾声，当我做噩梦时，大卫的鼾声总是能让我从噩梦中醒来。只有一个孩子可以搞定他，就是亚当，他是一位医生的儿子。大卫很胖，因为他喜欢吃面包、黄油和饼干。有一些人会带大卫散步，并给我们提供帮助，他们都对大卫很好。"

查尔斯是大卫和西蒙的父亲，他说：

"西蒙没有因为有个智力残疾的哥哥，而被父母忽视，也没有被压抑。他意识到他对大卫有照顾的责任。有时，我们会担心对他要求太多，但西蒙喜欢他的责任，他曾说过：'爸爸妈妈很难理解大卫。'我知道他是什么意思，我们经常生气，在他眼中我们可能对他哥哥不够好。从某种程度上说，大卫是个理想的哥哥，因为他不会成为竞争者，每件事西蒙都能做得比他好。"

在这个家庭中，大卫的残疾对西蒙来说显然不是问题。那对孩子来说，和有残疾的兄弟姐妹一起长大会一直不存在问题吗？如果兄弟姐妹有残疾，孩子就要比同龄人承担更多的责任，压力也更大。对正常孩子来说，这种责任和压力对他有何影响？正常孩子和残疾的兄弟姐妹间会形成什么关系呢?

哥哥姐姐，尤其是姐姐，通常会承担照顾有残疾的弟弟妹妹的责任，而这个责任对正常的孩子来说，代价很大。20世纪50年代，法伯对智力低下的孩子的兄弟姐妹做了系列研究，研究是基于妈妈的口头报告（因此可能不够客观）。研究结果显示，残疾孩子的哥哥姐姐有更强烈的挫折感、紧张和焦虑情绪。

另一项基于大学生对童年经历回忆的回溯性研究发现，残疾孩子的姐姐的压力要多于哥哥。在能够公开讨论残疾的孩子，以及正常的孩子能够较多地表达对残疾的孩子的好奇的家庭，正常的孩子在成年后会更能有效地应对这种压力。童年时与残疾的兄弟姐妹长时间交流的孩子，在成年后会更喜欢兄弟姐妹；如果残疾的兄弟姐妹年幼时就被送往疗养院，正常的孩子成年后更难与兄弟姐妹相处。研究发现，如果家庭资源能够应对残疾的孩子的需求，不会给正常的孩子造成重负，正常的孩子通常能很好地适应。

弟弟妹妹患唐氏综合征的姐姐付出的代价通常很大，她们还会面临很多其他的问题，如孩子的问题、婚姻问题、社交问题。通常在这类家庭里，女孩会花很多时间照顾残疾的弟弟妹妹。这些压力可能会导致她们出现困难行为，尤其是在学校里。

患唐氏综合征的孩子的父母通常期待正常的孩子多承担家务，并且行为更成熟。唐氏综合征患者的兄弟姐妹更容易出现行为问题，而安·迦特的一项对唐氏综合征孩子家庭的纵向研究表明，这也与父母的婚姻情况有关。家庭压力首先会体现在父母的婚姻问题和心理问题上，之后才会体现在正常的兄弟姐妹的行为问题上。

照顾残疾的兄弟姐妹显然会给正常的孩子造成麻烦，他们可能也会担心有一个与众不同的兄弟姐妹会被人嘲笑。查理斯·汉姆曾描述了一个二胎家庭的情况：5岁的玛丽有脑损伤，7岁的姐姐布兰达经常被玛丽做的"蠢事"弄得很烦，她经常对妈妈说：

"妈妈，看玛丽在做什么！"

另一方面，当残疾的兄弟姐妹被别的孩子嘲笑时，很多孩子会站出来维护残疾的兄弟姐妹。比如有人对孩子说"你妹妹很蠢"时，他可能会说："如果你也多了一条染色体，你也会很蠢。"

在一些情况下，残疾孩子的兄弟姐妹在某种程度上能成为他的治疗师。很多治疗师会教给残疾孩子的兄弟姐妹和父母一些行为技巧。兄弟姐妹应学会鼓励和奖赏（强化）残疾孩子的目标行为，不鼓励他的问题行为。兄弟姐妹的参与往往能使治疗更有效，而且也能使兄弟姐妹的关系更融洽，孩子间的合作游戏也可能增加。更使人惊讶的是，兄弟姐妹作为治疗师，自己的行为也会改善。

安·迦特总结了患唐氏综合征孩子的兄弟姐妹的关系发现：

"研究中大多数患唐氏综合征的孩子和兄弟姐妹间的关系是温暖、友好的，他们会对家庭氛围做出回应，以表示对家人的感激。越来越多的研究表明，父母能被训练成智力迟钝的孩子的治疗师，家人参与训练项目对整个家庭来说都是有益的，并且可能减少家庭分歧和持续性的情绪问题。只要能获得准确的信息和合适的医疗、社会和教育服务，大多数家庭都能抚养一个患唐氏综合征的孩子，并且能够提供充满爱的环境，满足患儿和其正常的兄弟姐妹的需要。"

我们对兄弟姐妹中有盲人或聋哑人的研究知之甚少。一个对学龄前聋哑孩子的哥哥姐姐的研究表明，这些哥哥姐姐比起其他孩子来，有更多照顾弟弟妹妹的责任，也更少参加社交活动。我们不知道孩子如何长期面对残疾的兄弟姐妹，也对他们如何应对残疾的弟弟妹妹的出生给家庭带来的变化知之甚少，需要相关研究探索这些问题，这对很多重压之下的家庭有实际的意义。

查理斯·汉姆总结了他对残疾孩子的兄弟姐妹的研究，认为残疾的孩子的负担不应该被全部放在任何一个家庭成员身上，尤其是孩子的兄弟姐妹。残疾孩子的兄弟姐妹应该被允许独立交朋友，他们可能压力很大，但不会表现出来。对于有残疾孩子的家庭，家庭医生、老师、社工也应该注意残疾孩子兄弟姐妹的心理状态。

如果第三胎出生了会怎样?

第三胎出生要比第二胎出生带来的烦恼更少,因为"篡位"的第二胎的出生,会使第一个孩子有强烈的被取代的感觉(当然,孩子的反应存在很明显的个体差异)。一些孩子会因三胎宝宝的到来变得非常沮丧和嫉妒,而有些孩子则喜欢家里再有个宝宝。争吵不断的兄弟姐妹通常都会喜欢新生儿。如果他们竞争非常激烈,那么对新生儿的喜爱会构成他们之间新的竞争,比如他们会争着照顾第三个孩子。

家里有3~4个孩子的父母经常对孩子间联盟的变化感到惊讶。有时候,老大和老二总是争吵,但是他们各自可以和老三相处得很友好。

乔恩在他的三个孩子中留意到了这种情况,他说:

"杰伊是第二个孩子,他与最小的莉齐关系融洽,但是与哥哥亚伦总是吵架,他们似乎整天都在想如何针对对方、惹怒对方。但是,亚伦和莉齐也能友好相处。"

正如有两个以上孩子的父母所注意的那样,既有哥哥姐姐也有弟弟妹妹对孩子来说是特别的体验。有兄弟姐妹的好处之一是,与和同龄人玩耍相比,你将有机会在游戏中扮演保护者和主导者的角色(如果你是哥哥姐姐),或充当追随者的角色(如果你是弟弟妹妹)。如果既有哥哥姐姐,也有弟弟妹妹,那么你就有机会体验这两种角色。

父母离异或分居对兄弟姐妹关系的影响

父母离异后，有些兄弟姐妹间的关系会变得亲密，并为对方提供真正意义上的帮助。有研究发现，兄弟姐妹关系较亲近的孩子在父母离异后遭遇的情绪问题更少。兄弟姐妹可以保护彼此免受家庭破裂的压力。很多孩子会向自己的兄弟姐妹而不是朋友，吐露父母离异后产生的担忧。

但是，在有些家庭中，父母离异的压力会使兄弟姐妹间产生更多的争吵。在父母离异前就关系不好的兄弟姐妹，父母离异之后的争吵通常也会更多。这通常是暂时的，当家庭生活回归正轨，大部分兄弟姐妹的争吵会消退。有时，继父母的到来也会使兄弟姐妹间的冲突急剧增加。这种现象尤其会发生在母亲与孩子已经单独生活一年以上，已经形成特殊的亲密关系的家庭。对这些孩子来说，继父好像是他们关系的入侵者。当继父加入家庭后，与母亲关系亲密的女孩通常最容易出现问题，这些女孩常常会在兄弟姐妹间的冲突中表现出自己的脆弱。

为了把孩子们发生争吵的频率降到最低，父母和继父母应该做些什么？整本书中我都在强调的建议，同样可以运用在这种情况下。其实，与其他家庭中的兄弟姐妹的烦恼一样，在父母离异和再婚的家庭中，兄弟姐妹的烦恼源于相同的原因，只是影响程度不同。例如，如果在父母离异之后，某个孩子得到了偏爱，那么兄弟姐妹之间的争吵会更激烈。如果生活在重组家庭，父母要注意不偏心任何一个孩子。

友好的兄弟姐妹关系将受益终生

孩子进入青春期后会越来越希望有自己的生活方式，成年后，他们必然会有各自不同的人生。但是，兄弟姐妹之间的关系是剪不断的。当他们老了以后，会再次变得非常亲密。他们认为正是在童年早期共同经历的事情，包括打架、争吵、一起玩游戏，使得他们在老年时关系亲密。当你处理兄弟姐妹间的争吵时，或许会对他们言语中的敌意感到担忧，但是当他们老了回顾过往时，争吵会成为消遣和维系情感的纽带。姐妹在晚年更会相互支持、关系亲密，有可能是因为女性对家人有更强的情感依恋。因此，即使孩子们总是争吵，父母要帮他们构建正确的亲情关系，这会成为他们成年后的重要依靠。

兄弟姐妹的亲密在成年期初期表现得可能很少，但通常在成年期会一直持续。尤其在成年晚期和老年期，兄弟姐妹间的亲密更明显。维克多·齐西雷利对各年龄段的成年兄弟姐妹进行了研究，他发现，大学年龄段的兄弟姐妹对彼此的感情比对父亲更亲密，甚至在很多方面比对母亲更亲密；到成年中期，68%的人表示兄弟姐妹间的关系很亲密；到老年期，83%的人表示兄弟姐妹间的关系很亲密。

从孩子的角度看兄弟姐妹关系

如果你和孩子们谈起他们的兄弟姐妹，你会发现他们的态度存在明显的差异。多年前，有研究者对一批5～6岁的孩子进行了关于兄弟姐妹内容的访谈，结果显示，不同的孩子对兄弟姐妹关系的评价表现出了明显的差异：有的孩子说他们几乎天天都和兄弟姐妹一起玩，而有的孩子则表示很少和兄弟姐妹玩；28%的孩子称他们与兄弟姐妹总是吵架，36%的孩子说他们和兄弟姐妹之间几乎没有发生过争吵；当被问及更愿意和兄弟姐妹玩，还是更愿意和朋友玩时，有的孩子会毫不犹豫地选择朋友，而有的孩子则十分明确地表示他们更愿意和兄弟姐妹一起玩。

研究者还问这些孩子一些诸如"如果没有哥哥姐姐，你会更快乐吗？""有没有兄弟姐妹，对你来说有区别吗？"这样的问题。孩子们对这些问题的回答是很令人惊讶的。几乎没有孩子会对这类问题漠不关心。有三分之一的孩子表示，他们更愿意生活在一个没有兄弟姐妹的家庭里，比如有个孩子说：

"没有她的话我肯定更开心，你能让她消失吗？她太烦人了！"

然而，大多数孩子则非常明确地表示，他们更愿意有兄弟姐妹的陪伴，尽管这些孩子中，有些并没有用友好的词语表达这种想法，比如有个孩子说：

"我会选择有他的生活，他虽然挺讨厌的，但还没有讨厌到我想让他消失的程度。"

这是一个有趣的问题，孩子在回答时，会使用非常生动的语言解释他为什么喜欢或不喜欢自己的兄弟姐妹。那些表示更希望有兄弟姐妹陪伴的孩子，往往会对兄弟姐妹给予过的帮助表示感激，比如：

"她曾经帮我一起画画。"
"她送过我礼物。" "我哥哥总是给我讲故事。"

他们喜欢兄弟姐妹给他们提供的保护，比如：

"他会送我上幼儿园。"
"因为我害怕，她不在的话我是不会一个人出门的。"

他们也会对兄弟姐妹的一些习惯进行评价，比如：

"我喜欢他咯咯笑的样子。"
"她是个小可爱。"
"他有一头软软的头发。"
"她好漂亮" "她很可爱。"

这群孩子也经常提到和兄弟姐妹一起玩耍时，兄弟姐妹对他们的关心和陪伴。

而那些声称更希望兄弟姐妹不存在的孩子，则强调了他们之间的争吵和兄弟姐妹带给自己的痛苦，比如：

"她总是惹我哭。"

"他总是打我。"

"有的时候他非常小气。"

"他总是欺负我。"

罗宾·史迪威尔的研究发现，6岁的孩子对兄弟姐妹的评价会带有明显的情感色彩，而且这一现象很普遍。研究者询问了孩子与朋友、兄弟姐妹、父母的关系，结果发现孩子在描述自己与兄弟姐妹的关系时使用了更多的情感类形容词。在谈到兄弟姐妹时，孩子会说得更详细，表达欲更强，对兄弟姐妹关系质量的评价也更确定。尽管比起描述朋友和父母，孩子通常会用更多的不友好的词汇描述兄弟姐妹，然而仍有27%的孩子在评价兄弟姐妹时使用了友好的词汇，在3～4岁时和兄弟姐妹特别友好的孩子到了6岁时仍然会用友好的词汇描述兄弟姐妹。

在海伦·科赫的研究中，几乎没有5～6岁的孩子把兄弟姐妹描述为蛮横无理的，尽管第一个孩子与第二个孩子对彼此的评价有很多区别。半数的孩子说兄弟姐妹没有破坏过他们的玩具，不会把他们玩的游戏搞砸，也没有抢过他们的物品。最让人惊讶的是，73%的孩子表示他们还想再有一个兄弟姐妹。

孩子用来形容兄弟姐妹的表述随着年龄的增长会产生变化。5岁的孩子会用非常具体和主观的语言描述兄弟姐妹，如"他生气的时候就会来打我"。而随着年龄的增长，孩子更愿意用抽象的语言描述兄弟姐妹，如"他很棒！""他真小气！"孩子也开始更广泛地对兄弟姐妹的人格特点进行评价。正如研究发现，6岁的孩子会经常描述兄弟姐妹身上他们不喜欢的一些方面。研究还发现，几乎所有年龄段的孩子，更倾向于使用复杂的、抽象的语言描述他们不喜欢的兄弟姐妹的特点，但却经常使用一些具体的语言描述他们喜欢的特点，比如当描述对哥哥的喜欢时，一个孩子说："他给我讲了几个好听的故事"；而当孩子谈起他们不喜欢兄弟姐妹的地方时，会说"他太不讲道理了""她对每个人来说都是个大麻烦"；孩子还会用一些相对复杂的方式表达自己对兄弟姐妹的厌恶，比如："有时候她希望我在这个世界上消失"。

下面是一个7岁的孩子和妈妈的对话。

妈妈说："听到小宝宝这样哭，我太难受了。"

孩子说："这对你来说很难受，但对我来说并不是很难受。"

妈妈惊讶地问："为什么？"

孩子说："你比我更喜欢弟弟，我只是有点儿喜欢他，而你却非常喜欢他，所以我觉得他的哭声会令你更难受。"

可见，在兄弟姐妹关系中，孩子表现出的成熟程度和理解能力可能会非常令人惊讶。

年龄更大一些的孩子对兄弟姐妹的喜欢和敌意也是并存的。一项研究调查了10～13岁的孩子与兄弟姐妹的关系，并让他们说出他们认为在兄弟姐妹的关系中什么最重要。孩子谈到了喜欢、安慰、帮助，同时也谈到了敌对和争吵。很显然，这一关系中的不同的特征之间没有密切的联系。例如，将他们与兄弟姐妹之间的关系描述为温暖、亲密、友好的孩子，与兄弟姐妹之间的冲突也并不一定少；同时，与兄弟姐妹经常打架的孩子也不一定总是嫉妒对方。

一个关于青春期兄弟姐妹的研究得到了类似的结果。研究中，孩子们被要求回答自己与兄弟姐妹的差异程度，以及在哪些方面存在差异。结果发现，大多数孩子都认为自己与兄弟姐妹是不同的，但是这与他们关系的特点不存在联系。敌对、冲突的发生频率和充满嫉妒的兄弟姐妹关系不存在显著相关，与感受到的兄弟姐妹间的亲密程度也不相关。

最后，让参与我们研究的孩子们用自己的语言描述了他们与兄弟姐妹之间的关系吧。他们的表述反映了兄弟姐妹之间关系的丰富多样，有友善、支持，也有嘲笑和攻击，有对父母偏心的敏感，也有相互的理解，这些问题在孩子的日常交往中都会见到。以下是我们访谈过的6～10岁的孩子的内心世界。

◆ 复杂的情感

你能想象一个孩子对兄弟姐妹复杂、矛盾的情感吗?

"在某种程度上我很喜欢姐姐,因为她是我的姐姐,但是很多时候我又不那么喜欢她。有时候我们很亲密,有时候我们也会打架。她总是惹我生气,不过我也会欺负她!但无论如何她对我还是很好的!"

——保罗,弟弟,7岁

"有时候我很喜欢他,有时候我又很讨厌他,是那种真真切切的讨厌。"

——罗茜,姐姐,10岁

"有时候跟她相处简直是一场灾难,但她有时候很好。有时候我们会吵架,有时候我们又会像好朋友一样一起玩耍。她和我玩的时候真的很好!"

——莫利,姐姐,10岁

◆ 好伙伴

几乎所有的孩子都认为与兄弟姐妹一起玩耍是件快乐的事情,不仅在学前年龄段,在整个成长过程中都是如此。

"我们晚上一起玩的时候,真的是太开心了。我们还经常聊天，所以我们就拿了一面镜子放在房间，这样就可以从镜子里看到对方并且确认对方是否睡着了，以免把对方吵醒。"

——迪克，弟弟，6岁

年幼的孩子经常会认为哥哥姐姐非常具有创造力，和他们一起玩耍会让自己很兴奋。

"他对我很好，我们经常一起做游戏。他喜欢发明，他发明东西的时候，我很崇拜他。他会和我一起玩飞机模型，那是我最喜欢的游戏。"

——贾斯汀，弟弟，6岁

"和她玩游戏简直太棒啦！她总是能想出很多有意思的点子。我最喜欢和她一起玩了。"

——费伊，妹妹，8岁

年长的孩子有时也会谈及他们从弟弟妹妹身上学到的东西，这是一些家长不会注意到但实际上十分重要的东西。

"她会教我跳绳，有时候我的朋友没时间，她就会和我一起踢足球。"

——德里克，哥哥，8岁

◆ 控制

孩子们之间的冲突也会很激烈，年幼的孩子经常抱怨哥哥姐姐有时会对他们呼来喝去。

"玩游戏的时候总得听他的，永远都要听他的！每次我想一个人待着，他就故意跑来烦我。"

——克里斯蒂，妹妹，6岁

"一直都是她发号施令，她会让我做她命令的事情，包括我们做什么游戏、在游戏里谁扮演什么角色。"

——沃莉，妹妹，8岁

◆ 讨厌

尽管这会让父母感到很苦恼，但是孩子们有时候确实会互相讨厌。

"姐姐真的很讨厌，还打我、嘲笑我。我一走近她，她还对我大吼大叫。"

——波莉，妹妹，6岁

"弟弟很粗鲁，我觉得他很讨厌。我真希望他不是我们家的一员。"

——卡特琳，姐姐，7岁

◆ 打架

说起打架，孩子们总是记忆深刻，并且日后回想起来时仍然愤愤不平。孩子们能把争吵时的一点一滴全部复述出来，而且发现兄弟姐妹间经常不经意就打起来了。

"每次都是他先动手的。本来一切都好好的，但是他总是一上来就打我，有时还踢我，当他这样做时，我只能说他，有时候也会跟他打起来！"

——柯琳娜，姐姐，7岁

◆ 和谐

兄弟姐妹之间和谐相处的画面也是很温馨的。

"我记得有一次我们打起来是因为他喊：'不！不行！这不公平！'他一边喊一边打我，我说：'奥利，你别动手！'然后他又打我，所以我还手了。然后他又打了我，还踢我，还想用空手道对付我，但是我躲开了。我也踢了他一脚。但是，有时候他也很好，比如有一次我生病了，他跑到楼上拿了一条毯子给我盖，还把他的所有玩具都塞给我，他那时候真好，他还把家里的狗抱过来陪我！"

——弗朗西丝，姐姐，8岁

◆ 把哥哥姐姐当作领导

年长的孩子经常提及他们很喜欢领导弟弟妹妹，也很喜欢弟弟妹妹把他们当作榜样，很显然他们都很在意这些。

"有时候我很喜欢她，因为她真的很可爱，有时候我会假装她是我的宝宝，当她哭闹的时候我会安慰她。"

——谢尔丽，姐姐，10岁

"我喜欢她，因为我能对她发号施令，有时候我叫她干什么她就会干什么。"

——克雷格，哥哥，8岁

"每次她模仿我的时候我就很喜欢她，没错，我喜欢她模仿我。"

——克里斯汀，姐姐，8岁

◆ 互相理解

兄弟姐妹之间彼此十分了解，能对对方的行为做出详细的解释，并且从中得到对他人、对自己的认识。

"我觉得我们争吵的时候他并不是真的在生我的气，他只是想让我也听从他的想法。他是我们当中最小的，所以有时候我们都对他发号施令。他有时故意惹我，这是他在向我表示反抗。"

——弗朗西丝，姐姐，8岁

"他真是又怂又坏，但我也是！"

——邓肯，哥哥，8岁

"她惹我的时候并不是真心的，只是我们两个就是喜欢互相使坏。"

——兰迪，妹妹，6岁

"我们比以前更要好了，也不那么经常打架了，我们现在更能了解彼此的感受了。"

——莎拉，姐姐，9岁

◆ 嫉妒与偏心

嫉妒在孩子们的成长过程中会一直存在，甚至有的会持续到青少年时期。家庭中的其他成员有必要注意到这个情况。

"当我看见她获得了成功，还有她和爸妈待在一起时，我会嫉妒她。"

——波莉，妹妹，10岁

"他们（父母）总是偏向她，做什么事也都常带她一起去。"

——罗里，哥哥，7岁

"我就是很介意，她似乎总能和他们（父母）一起做很多事情，比我多得多。"

——保罗，弟弟，7岁

◆ 互相比较

兄弟姐妹之间总是会互相比较。

"我不太喜欢他，因为他搭积木搭得比我高。"

——约翰，弟弟，6岁

"他总是那么自大，爬树爬得也比我高。"

——弗朗西丝，姐姐，8岁

"她游泳游得比我好，她还进了学校的游泳队。她跑步也跑得那么快，总能把我落很远。但是，我跳舞跳得比她好。"

——莫利，姐姐，10岁

有时候孩子们会表现出惊人的自我意识，甚至自我否定。他们对彼此间的差距是如此敏感，可见兄弟姐妹对彼此的影响是多么强大。

"一般都是我做得不对，我总是很调皮。"

——皮特，哥哥，8岁

"他要比我聪明得多。"

◆ 关注差异

兄弟姐妹之间会非常关注彼此的个性差异，以及各自喜欢做的事情。

"我喜欢玩冒险游戏和看书，而她喜欢扮演公主、玩换装游戏。我们确实喜欢不同的东西。"

——简，姐姐，7岁

"我们完全不同。他的兴趣很多，比如玩电脑游戏之类的，我们交的朋友也不一样。我觉得要不是他是我的弟弟，我永远也不会和他一起玩的。"

——爱丽丝，姐姐，9岁

也就是说，孩子们关于自我的认识和理解，与自己与兄弟姐妹的比较有很大关系。

◆ 支持与安慰

对于孩子们来说，遇到困难的时候，兄弟姐妹往往能够提供很大的支持与安慰。当孩子们陷入紧张或恐惧的情境时，他们之间的互相帮助有时连父母都想不到。

"当我还没睡着时，我也不想让她睡着，因为她一睡着就没人跟我说话了，我会很害怕。"

——马克，弟弟，6岁

当孩子生病或者发生意外时，来自兄弟姐妹的帮助会让他们铭记在心。

"当我生病的时候，他会对我很好……他会照顾我，还会给我送礼物。"

——克拉拉，姐姐，9岁

◆ 关系的变化

随着孩子们慢慢长大，他们之间的关系可能会越来越亲密，也可能会恶化。

"我们曾经是很好的朋友，后来他去了另一所学校，还有一群男孩子和他玩。现在他做任何事情都不想带我一起，我很想和他一起玩，但是他一点儿也不想和我一起玩。"

——杰西，妹妹，7岁

"我们以前经常打架，几乎什么事都能让我们打起来。现在好多了，我现在不会经常欺负她，她也不再那么怕我，我们现在经常一起玩，我觉得她更有趣了，我们现在有好多共同的兴趣爱好。"

——安雅，姐姐，9岁

◆ 好朋友

很多兄弟姐妹的关系会很亲密，成为彼此的好朋友。当父母们听到孩子们谈论彼此稳固的友谊并相处愉快时，他们通常会很欣慰、很感动。最后，我们将引用三个孩子对兄弟姐妹表达的喜欢之情结束本章。

"我就是喜欢他，喜欢他很多方面。当然最重要的原因是，他是我弟弟。我非常喜欢他……他那么好，又很可爱！"

——莎拉，姐姐，9岁

"我想不出来我哪里讨厌她！"

——德里克，哥哥，8岁

"他是我最好的朋友！"

——杰森，弟弟，6岁

致　谢

　　在这本书中，我引用了很多父母和孩子的对话和想法。他们都参与了我的关于兄弟姐妹关系的研究，且非常慷慨地和我分享了他们的想法。我特别感谢他们，感谢他们的帮助、他们的睿智和他们的幽默！我的研究得到了英国医学研究委员会和美国国立卫生研究院的资助。我也要感谢卡拉·格拉瑟，她是第一个建议我写一本关于多子女养育的书的人，她总是热情地鼓励我。我还要感谢金妮·法贝尔，她给出了很多全面的、合理的编辑建议，也给了我很多她自己关于养育两个孩子的见解。